죽음의 품격

아름다운 삶의 마무리와 다사한 애도를 위하여

이 도서는 한국출판문화산업진흥원의 2020년 출판콘텐츠 창작 지원 사업의 일환으로
국민체육진흥기금을 지원받아 제작되었습니다.

죽음의 품격
아름다운 삶의 마무리와 다사한 애도를 위하여

지은이 / 윤득형
펴낸이 / 조유현
편   집 / 이부섭
디자인 / 박민희
표지디자인 / 김진혜
펴낸곳 / 늘봄

등록번호 / 제300-1996-106호   1996년 8월 8일
주소 / 서울시 종로구 동숭4길 9
전화 / 02)743-7784
팩스 / 02)743-7078

초판 발행 / 2020년 11월 30일
초판 4쇄 / 2022년 11월 20일
ISBN 978-89-6555-090-7 03230

죽음의 품격

아름다운 삶의 마무리와 다사한 애도를 위하여

윤득형 지음

늘봄

차 례

프롤로그

라틴어 '메멘토 모리(Memento mori)'는 '죽음을 기억하라'는 말이다. 인간은 누구나 죽는다는 의미가 포함되어 있지만, 무엇보다 다른 사람이 아닌 '내가 죽는다는 사실을 기억하라'는 뜻이다.

이 말의 어원은 로마 시대로 거슬러 올라간다. 전쟁에서 승리한 장군이 개선문을 통과할 때, 뒤를 따르던 한 신하가 '메멘토 모리'를 외쳤다고 한다. 이는 '아무리 전쟁에서 승리한 장수라 할지라도 언젠가는 죽는다'는 사실을 상기시킴으로써 교만에 빠지지 않게 하려는 황제의 숨은 의도가 있었으리라 짐작해본다.

이후 한동안 유럽 사회에서는 '메멘토 모리'라는 말이 잘 나타나지 않았다.

하지만, 13~14세기 흑사병으로 인해 유럽 인구의 1/3이 죽음을 맞게 된 이후 사람들은 다시 '메멘토 모리'를 외치게 되었다. 눈앞에서 가까운 사람들이 죽어가는 모습을 지켜봐야 했던 그들은 '인간이 죽는다는 숙명적인 사실'을 몸소 체험하면서 종말론적 사고를 하게 된 것이다. 다시 말해, 죽음은 언제, 어디서, 누구에게나 다가올 수 있기에 죽음을 생각하면서 주어진 오늘의 삶을 어떻게 살 것인지에 대한 성찰을 하게 된 것이다. 그렇게 그들은 서로에 대한 사랑과 감사, 배려와 나눔, 용서와 화해를 실천하며 언제 죽을지 모르는 제한된 인생을 보다 행복하게 살려 노력했으리라 생각한다.

2020년 전 세계적인 코로나바이러스 확산으로 많은 생명이 죽어갔다. 마치 700여 년 전의 전염병 유령을 만난 듯 사람들은 두려움 가운데 감염 방지와 확산 예방을 위해 전력을 다하고 있다. 그동안 익숙하지 않았던 마스크 착용과 손 소독제를 사용하게 되었고, 거리 두기와 비대면 접촉의 생활화가 이루어졌다. 문전성시를 이루던 맛집이나 커피전문점, 체육시설, 복지시설, 교육기관, 종교시설도 코로나 전염병 확산이 불러온 죽음의 공포 앞에 이전 일상을 내주어야 했다.

그러한 사회적 현상 이면에는, 마치 유럽 사회가 전염병 이후 르네상스 시대를 열었던 것처럼, 오늘의 세상은 이제껏 경험하지 못한 새로운 시대로 패러다임이 전환되고 있다. 영화에서나 볼 수 있었던 실시간 화상 회의나 화상 수업 등 비대면 서비스가 이제 일상의 빈자리를 대신하고 있고, 이를 위해 기술의 발전이 도모되고 있다.

죽음은 새로운 시작을 상징한다. 또한, 죽음에 대한 두려움은 인간을 생존하게 하는 원동력이기도 하다. 죽음이 없는 삶은 존재하지 않으며, 삶을 삶답게 하는 것이 죽음이다. 죽음 앞에서 우리는 자신의 삶을 반추하며 지금까지 생각하지 못했던 인간의 유한함과 삶의 의미를 되새겨 볼 수 있게 된다.

최근 연명의료결정법 이후 유행처럼 번지고 있는 '웰다잉 문화 조성'이란 말의 의미도 이와 같다. 좋은 삶을 산 사람은 좋은 죽음을 맞이할 수 있다. 잘 죽기 위해서는 잘 살아야 한다. 또한, 자기의 죽음을 미리 생각하면서 실제 준비해야 할 것도 있다. 죽음 교육(Death Education)은 이러한 모든 가치를 포함하고 있다. 다소 낯설기도 한 죽음 교육이란, 사실 어린이부터 노년에 이르기까지 받아야 할 삶의 교육이다. 이를 통해 삶의 의미를 되새기고 남은 삶을 보다 가치 있게 살도록 도울 수 있다. 죽음 교육은 다양한 목표로 진행된다. 1991년 남편 사별을 계기로 죽음을 깊이 성찰한 각당복지재단 김옥라 박사는 "죽음을 탁상 위의 공론에 부치기 위해" 삶과죽음을생각하는회를 창립했고, 창립 목적을 '죽음 준비 교육'과 '슬픔 치유'라고 명시했다.

이 책은 바로 죽음 교육의 두 가지 중심축인 죽음과 애도에 관해 다루고 있다. '인간은 누구나 죽는다'는 절대적 진리는 '인간은 누구나 사랑하는 사람을 잃게 돼 있다'는 역설적인 사실을 가르쳐준다. 그러기에 죽음 교육의 첫 번째 목적은 죽음의 의미 성찰을 통해 삶의 가치를 발견하고, 현재 주어진 삶을 의미 있게 사는 것이다. 두 번째는 비탄과 애도의 과정을 배우는 것이다. 죽음은 남겨진 가족들에게 슬픔을 포함한 다양한 감정을 안겨준다. 상실과 애도를 이해하는 것은 슬픔의 과정을 보내는 데에 도움이 될 뿐 아니라 주

변에 슬픔을 경험하고 있는 사람들을 위로하고 치유하는 데
에도 도움이 된다.

이 책은 총 일곱 장으로 구성되어 있다.

1장에서는 우리 사회의 흐름 속에서 죽음 담론과 웰다잉
의 확산에 관해 이야기한다. 특별히, 웰다잉 문화의 한 형태
로서 연명의료결정법에 대한 이해를 다룬다. 2장에서는 삶
에서 경험하게 되는 다양한 죽음 유형에 관해 이야기한다.
갑작스러운 죽음, 예견된 죽음, 관심받지 못하는 죽음 등 죽
음의 형태와 사별 유형에 따른 슬픔에 대해 다룬다. 3장은 죽
음을 비롯한 다양한 상실 이후에 겪게 되는 애도 과정, 애도
의 필요성, 위로를 위한 상담의 원리, 좋은 애도의 방법에 집
중한다. 4장은 죽음의 정의를 탐색하면서 죽음이란 무엇이
며, 삶 속에서 죽음이 전해주는 의미는 무엇인지 살펴본다.
5장은 나이에 따른 죽음 준비 교육에 관해 설명한다. 또한,
실제 좋은 죽음을 위해 준비해야 할 것은 무엇인지 말하고
있다. 6장은 슬픔에 대한 위로이다. 사별을 경험한 사람들에
게 위로가 될 메시지를 담고 있으며 애도의 과정 가운데 무
엇이 도움이 되는지 기술하고 있다. 마지막으로 7장은 반려
동물 사별에 관한 주제를 다룬다.

미국 유학을 마치고 돌아온 후 시작한 애도상담 전문가 교육과정이 벌써 4년이 되었다. 그간 100여 명의 애도상담 전문가가 양성되었으며, 애도상담을 전문으로 한 애도심리 상담센터도 설립했다. 2년 동안 서울시의 지원으로 '찾아가는 사별 애도 집단상담'을 진행해 애도가 필요한 현장에 상담을 제공할 수 있었다. 이 모든 활동들은 따뜻한 격려와 지지를 아끼지 않는 각당복지재단 라제건 이사장님과 오혜련 이사님이 계시기에 가능한 일이었다. 그리고 내 삶의 멘토이자 스승이신 김옥라 박사님의 깊은 사랑과 보살핌이 없었다면 지금의 나는 없었을 것이며, 나의 삶은 방향을 잃었을 것이다.

더불어, 사랑하는 가족들에게 사랑과 감사의 말을 전한다. 나는 가족 모두에게 빚진 자이다. 그들은 모두 나의 든든한 지지자이다. 아내(이세나)와 딸들(승희, 승연), 늘 아낌없는 사랑을 베풀어주시는 어머니(이군자)와 장인 장모님(이강희, 도광자)께 깊은 감사의 인사를 드린다. 특별히 올해는 나의 아버지가 돌아가신 지 30주기가 되는 해이다. 앞서가신 아버지가 내게 주신 마지막 선물에 감사드린다.

끝으로, 출간을 위해 애써주신 늘봄출판사 이부섭 편집

장과 삽화로 책을 더 풍성하게 만들어주신 남일량 선배께
도 감사드린다.

이 책이 죽음을 성찰하면서 죽음과 좀 더 친숙할 수 있는
계기가 되고, 존엄하고 아름다운 삶의 마무리를 생각하며,
현재 겪고 있는 슬픔에 작은 위로가 되기를 소망한다.

각당복지재단 삶과죽음을생각하는회에서

윤득형

1장 웰빙에서 웰다잉으로

웰빙에서 웰다잉으로

　한국 사회는 '죽음'에 대해 이야기하는 것을 꺼린다. 특별히 노인들 앞에서라면 더더욱 그렇다. 이런 사회적 분위기 탓에 웰다잉 강사로 활동하는 어떤 사람이 노인복지관에서 '죽음'에 대해 이야기하다 강의를 다 마치지도 못한 채 쫓겨났다는 웃지 못할 이야기도 들었다.

　이해는 되지만 노년기 죽음 준비 교육의 진정한 의미를 이해한다면 죽음을 이야기한다고 화를 내거나 불쾌할 이유는 전혀 없다. 웰다잉 교육이란 죽음을 생각하면서 자기 삶의 의미와 가치를 성찰하고 주어진 삶을 더 잘 살기 위한 삶의 교육이기 때문이다.

1970년대 이후부터 현재까지 한국인들의 삶의 변화를 생존, 웰빙(well-being), 웰다잉(well-dying) 이 세 가지 키워드로 분석할 수 있다. 급속한 경제성장을 이루던 1970~80년대는 대체로 생존을 위한 삶을 살았다. 의식주를 해결하는 것이 가장 큰 삶의 목표였고, 이를 성취하기 위해 쉴 틈 없이 일하며 살았다. 그래서 "밥 먹었니?" 등의 평범한 인사말은 끼니를 제때 채울 수 없었던 생존을 위한 시대의 유산이기도 한 것이다. 이렇듯 생존을 위해 달려온 사람들은 1990년대 이후 초중반 웰빙 시대를 맞이했다. "열심히 일한 당신, 떠나라!"는 광고 카피는 사람들의 마음을 깨우는 데 큰 역할을 하기도 했다. 이제는 한 끼 때우기 위한 식사가 아닌 건강을 유지하기 위한 식단들이 자리를 차지했고, 웰빙과 힐링을 위한 음식과 운동, 여가활동에 많은 관심을 쏟았다.

이렇게 사람들의 삶이 조금씩 풍요해짐과 동시에 이 시대의 주역이었던 세대들은 점점 나이가 들어갔다. 한국은 1990년대 말에 고령화 사회에 접어들었고, 2018년 8월에는 65세 이상의 인구가 14% 이상을 차지하는 고령사회에 진입했다. 현재 65세 이상의 노인들은 대부분 한국의 경제성장뿐 아니라 교회 성장에도 큰 역할을 감당했던 세대들이다. 하지만 이들에게 노년기는 열심히 살아왔던 삶 이후 은퇴로 인해 찾아온 공허감, 변화한 시대에 적응해야 하는 당혹감, 시간적 여유가 있지만 무엇을 해야 할지 모른 채 보내는 삶에 대한 무료함을 가져다주었다. 또한, 마음은 원하지만 행동하기 불편한 신체의 변화로 인해 좌절감을 느끼는 등 예상치 못한 어려움도 겪고 있다. 더구나 가족이나 가까운 친구들의 죽음은 자신에게도 죽음이 가까이 다가오고 있다는 불안감을 가중시킨다.

이러한 사회문화적인 변화는 죽음을 말하기 쉽지 않았던 시대를 살아온 사람들에게 죽음은 이제 다른 사람의 문제가 아니라 나 자신의 문제라는 생각을 갖게 했다. 즉 이들에게는 생존도 웰빙도 아닌 웰다잉에 관한 문제가 더 절실하게 느껴졌고, 삶의 질보다는 죽음의 질을 생각하는 것이 더 실제적인 이슈가 되었다. 2009년 김수환 추기경의 연명의료 거부와 선종은 사회적인 반향을 불러일으켰으며, 같은 해 세브란스병원 김할머니 사건에서 법원은 존엄한 죽음을 위한 개인의 선택에 손을 들어주었다. 이러한 사회적인 움직임은 2016년 1월 '호스피스 완화의료 및 임종 과정에 있는 환자의 연명의료 결정에 관한 법률(연명의료결정법)'의 국회 통과를 이끄는 동력이 되었다.

사실 죽음은 인간 삶의 마지막 단계인 자연스러운 현상이다. 누구나 맞이해야 할 피할 수 없는 운명이다. 하지만 자신이 미리 체험할 수 없기에 오로지 타인의 죽음을 통해 간접경험할 수 있을 뿐이다. 가까운 가족과 친지의 죽음, 뉴스를 통해 들리는 대형사고 등은 죽음이 '나'의 삶 가운데 공존하고 있다는 것을 간접적으로 체험하게 만든다. 흔히 장례식장에만 다녀와도 인간의 삶과 죽음에 대해 성찰한다는 말이 있는 것처럼, 가까운 타인의 죽음은 자신의 지나온 삶을 돌아보고 죽음을 생각할 수 있는 계기가 된다.

몇 해 전, 인디언(Native Indian) 선교를 하던 선배 목사에게 들은 이야기다.

"미국에 들어와 갓 목회를 시작할 때였는데 교인 중에 아주 독실한 신앙을 가진 신도 한 명이 있었다. 이 사람의 믿음이 처음부터 독실했던 것은 아니다. 그를 포함해 다섯 명이 타고 가던 차가 산 중턱 비탈길에서 그만 낭떠러지로 떨어지고 말았다. 불행 중 다행으로 큰 나뭇가지에 걸려 더 큰 화를 면한 상태였다. 누구라도 조금만 움직이면 균형을 잃어 추락할 수밖에 없는 긴박한 상황이었다. 누가 먼저랄 것도 없이 모두가 눈물을 흘렸고, 인생의 모든 것들이 마치 필름처럼 지나갔다고 한다. 모두가 죽음을 목전에 두고 숨죽이고 있길 4시간여, 911

구조대가 도착했고, 다섯 명 모두가 안전하게 구조되었다. 그 후 그 교인은 아주 독실한 신심을 갖게 되었다."

이렇듯 죽음의 문턱을 경험한 사람들의 고백을 들어본 적이 있을 것이다. 그들은 대부분 주어진 삶에 대한 감사가 더 깊어졌으며, 다른 사람들을 바라보는 시선이 달라졌으며, 생명을 더 소중히 여기며, 하나님에 대한 더 깊은 경외감을 느낀다.

멀리만 있다고 여겨지는 죽음을 오늘 현재의 자리로 가져와서 묵상해본다면, 지금까지 살아온 삶을 돌아보고, 남아있는 삶을 위한 아름다운 마무리를 준비할 수 있다. 웰다잉이란 바로 이런 의미이다. 즉, '어떻게 하면 좋은 죽음을 맞이할 것인가'에 대해 생각하면서 오늘의 삶을 가치 있게 보내기 위한 성찰과 실천을 포함한다. 죽음은 두려움의 대상이나 극복의 대상이 아니다. 누구나 죽는다는 사실을 인지하고 산다면, 자신에게 주어진 제한적인 삶을 더 잘 살기 위한 실천적 노력이 자연스럽게 뒤따르는 것이다.

야고보서 4장 14절에 보면 "내일 일을 너희가 알지 못하는도다. 너희 생명이 무엇이냐? 너희는 잠깐 보이다가 없어지

는 안개니라"고 말한다. 즉, 삶은 유한하며, 생명의 기간은 짧고, 사는 동안 무슨 일이 벌어질지 알지 못한다는 말이다. 여기에는 '오늘이 생의 마지막이 될 수도 있다는 심정'으로 하루를 살라는 의미도 내포되어 있다. 예전에 어떤 은퇴한 교수님의 강의를 들은 적이 있다. 그분은 꼭 필요한 옷들을 제외하고는 정리했고, 유언장도 작성했다고 했다. 또한, 매일 속옷을 갈아입고 외출한다고. 언제 어디서 갑자기 무슨 일이 생긴다 해도 남에게 부끄럽지 않기 위함이라고 했다. 이렇듯 죽음을 생각하면서 삶을 성찰하고, 정리하고, 준비한다는 것은 지금까지 살아온 자신의 삶을 아름답게 마무리하기 위해 가치 있는 일이다.

날 때는 순서가 있어도 죽을 때는 순서가 없다는 말이 상기하듯이, 죽음이란 누구에게, 언제, 어떻게 닥칠지 모르는 일이다. 그러기에 웰다잉 교육은 노년층만을 대상으로 하지 않는다. 물론, 노후준비의 측면을 강조하며 웰다잉을 다룰 수 있다. 하지만, 이는 웰다잉의 한 부분일 뿐이다. 웰다잉은 전 연령기에 해당한다. 어린이와 청소년들에게는 생명의 소중함과 삶의 의미와 가치를 심어주고, 성인기에는 지난온 삶을 성찰하고 현재의 삶을 더 잘 살 수 있도록 도우며, 노년기에는 삶의 아름다운 마무리를 위한 준비를 가르치는 것이다. 이렇듯 연령기마다 강조점이 달라지지만 본질적으로 같은 교육이다. 단순히 노년기 혹은 죽음이 임박해가는 시점에서 유언과 상속, 장례에 관한 문제를 다루는 것이 아닌, 전 생애를 위한 삶의 통합교육이다.

이제 우리 사회는 '삶의 질(웰빙)'보다 '죽음의 질(웰다잉)'을 생각하는 문화로 변해 가고 있다. 이제 웰다잉이라는 말은 그리 낯설지 않은 언어로 우리 사회 속에 자리 잡아 가고 있다. 이러한 분위기 가운데, 가정을 비롯한 다양한 사회 공동체 안에서 죽음을 직접적으로 말할 수 있는 보다 자연스러운 문화들이 정착되고, 진정한 웰다잉 문화가 확산되기를 기대한다.

웰라다 _ 웰라이프가 웰다잉을 만든다

사람들은 죽음을 감추려고 한다. 마치 죽음이 없는 것처럼 삶을 살아가고 있다. 병원이나 장례에 종사하는 사람들을 제외하고 죽음을 실제 보았다는 사람은 그리 많지 않다. 그나마 장례 절차 중 염습하는 자리에 참여한다면 죽은 사람의 신체를 볼 수 기회가 있기는 하다. 20여 년 전 지방에서 목회할 때 40대의 젊은 목사님이 갑작스레 백혈병으로 돌아가셨다. 같은 지방에서 목회하고 있던 비교적 나이가 많은 목사님 한 분과 네 명의 젊은 목회자들이 그분의 염습을 직접 했다. 우리는 그분의 몸을 직접 닦아 드리고, 옷을 입혀 드리면서, 목회자로 걸어왔던 그분의 아름다운 삶을 추억했다. 거룩한 마음으로 임했던 그 순간이 기억에 남는다.

이 땅에는 산 자들(삶)과 죽은 자들(죽음)이 공존하고 있지만, 죽은 자들은 산 자들로부터 철저히 격리당하고 있는 듯하다. 몇십 년 전, 주로 가정에서 장례식이 이루어지던 때, 방 안 병풍 뒤에 시신을 안치시키고 앞쪽 제단에 향을 피웠다. 그 시절 죽은 자는 산 자들의 공간에 함께 있었지만, 오늘날은 고인을 차가운 냉장실에 안치한 채 고인 없이 장례식을 치르고 있다. 이렇듯 죽음을 가까이에서 볼 수 있는 기회가 사라진 데에는 다양한 이유가 있다.

첫째, 핵가족화로 인해 세대 간의 접촉과 교류가 줄어든 점을 들 수 있다. 대가족 시절에는 대개 삼대가 같이 살았기 때문에 아이들은 자연스럽게 조부모의 죽음을 목격할 수 있었다. 요즘 장례식장에 가보면 중고등학생들을 보기가 쉽지 않다. 할아버지 혹은 할머니가 돌아가셔도 아이들은 학업을 이유로 일찍 집에 가는 경우도 종종 보게 된다. 장례식장은 아이들에게 죽음을 가르칠 수 있는 더없이 좋은 장소임에도, 일가친척의 장례식에 갈 때조차 아이들을 데려가지 않는 경우가 많다.

둘째, 도시 집중화와 아파트 거주는 죽음을 다루는 문화를 병원과 장례업체에 전적으로 위임하는 결과를 낳았다. 집에서 임종하기도 쉽지 않다. 통계에 의하면 2018년 한해에 거의 29만 명이 사망했다. 그중 병의원에서 죽음을 맞이한 경우가 80%이다. 하지만, 집에서 죽음을 맞이한다 하더라도, 가정에서 장례를 치르는 것은 현실적인 어려움이 많다. 도시 집중화로 아파트가 많이 세워졌다. 아파트에서 장례를 치르면서 입관과 발인을 하고, 조문객을 맞이하고, 음식을 준비하고, 더군다나 운구까지 한다는 것은 상상하기 힘든 일이다.

셋째, 임종 과정이 집이 아닌 병원, 호스피스, 요양병원 등의 외부시설로 이동한 점이다. 미국의 경우에는 병원이 장례식장을 운영하지 않는다. 우리나라 대부분의 병원들은 시설 좋은 장례식장을 갖추고 있다. 병원에서 임종하는 사람들이 많으니 자연스럽게 병원과 장례식장이 연결되어 있는 것이 당연해 보인다. 하지만, 미국을 비롯한 다른 나라들에서 병원과 장례식장이 분리되어 있는 것은 병원은 생명을 살리는 곳이지 장례를 치르는 곳이 아니라는 기본 생각 때문일 것이다. 우리나라는 죽음을 상업화하는 경쟁에 병원이 뛰어들

기 시작하면서 병원장례식장이 세워진 것 같아 안타까운 마음이 든다. 게다가, 유족의 체면을 세우기 위해 이름 있는 종합병원의 장례식장에서 장례를 치르는 모습까지 보게 된다. 속된말로 "가오가 서는 장례"를 치러야 그나마 사람들이 '자녀들이 아버지를 잘 모시는구나'라고 생각하기도 한다. 장례 문화는 이제 접객 위주가 아닌 애도하는 문화로 전환되어야 하며, 병원이 아닌 가정 중심으로 작은 장례를 치러야 한다.

넷째, 회복이나 치유와는 상관없이 생명을 유지해줄 수 있는 의학기술(연명의료)이 발달한 점을 들 수 있다. 이는 죽어가는 환자가 가족들 곁에서 평안히 눈을 감을 수 있는 소중한 순간을 빼앗아 간 것이다. 말기 암 환자들에게 시행되는 항암제 투여를 비롯해 임종기의 인공호흡기 착용은 환자가 임종 과정에 접어들어 아무 말도 하지 못하고 고통 가운데 죽음에 이르게 되는 안타까운 현실을 만들었다. 이렇게 마지막 순간에 환자의 모습은 가족들이 기억하고 싶지 않을 정도의 처참한 모습인 경우가 많다.

최근 미국에서 함께 공부하던 미국인 친구가 페이스북에 글을 올렸다. 그는 아버지의 임종이 예상되어 고향으로 내려

갔다가 자신이 자랐던 집 소파에 앉아 계시는 아버지의 모습이 담긴 사진을 올렸고, 아버지의 아름다운 삶에 대해서 기록했다. 아버지와 이런저런 대화를 나누고 아버지의 병세가 악화돼간다는 이야기를 썼다. 그 후 열흘도 채 되지 않아 아버지가 돌아가셨다는 글이 올라왔다. 며칠 전까지만 해도 함께 이야기 나누었던 아버지의 죽음이 그에게 많은 슬픔과 고통을 주었겠지만, 그렇게 아버지의 마지막 여정에 함께 하며, 이야기 나누고, 지난날을 함께 추억하며 지냈던 소중한 순간들은 친구의 삶에 큰 의미를 더했을 것이다.

죽음에는 크게 세 가지 진리가 있다.

첫째, 누구나 죽는다. 이는 누구도 거역할 수 없는 진리이다. 하지만 우리는 어떤가? 백 년도 못 살 인생 천만년을 살 것처럼 살아간다. 그러다 막상 가족 혹은 나의 죽음이 현실 앞에 다가오게 될 때 당황하고 후회하는 것이 우리들의 모습이다.

둘째, 언제 죽을지 모른다. 태어남은 순서를 따르지만 죽음에는 순서가 없다. 특별히 한국 사회는 갑작스러운 죽음을 불러일으키는 사건과 사고, 대형 참사가 끊이지 않는다.

그러니, 어디서 어떻게 죽을지 모른다는 사실도 죽음과 관련된 또 다른 진리이다.

> 모든 육체가 다 함께 죽으며 사람은 흙으로 돌아가리
> 라. (욥기 34:15)

성경 욥기의 말씀처럼 사람은 언제인지는 알 수 없어도 누구나 죽고 종국에는 흙으로 돌아간다. 성경은 모든 인생의 시기마다 때가 있다고 말한다.(전도서 3:1) 심을 때가 있으면 심은 것을 거둘 때가 있다. 자리에 오르면 내려와야 할 때도 있다. 성공할 때도 있고 실패할 때도 있다. 건강할 때도 있고 아플 때도 있다. 태어날 때가 있었으니 죽을 때도 있는 것이다. 미국 호스피스에서 일할 때, 환자들에게 이 말씀을 종종 읽어주었다. 어느 날 한 백인 여성 환자가 이 성경 구절을 듣고 내게 화를 내며 말했다. "I'm not dying!(난 죽지 않아!)" 물론 그녀는 죽음을 맞이했다. 당시 이 환자는 자신의 죽음을 받아들이지 못한 채 죽음을 회피하고 싶었던 것이다.

산 자들이 축제라도 벌이듯 살아가는 현대 사회에서 죽음은 생각하고 싶지 않은 주제이다. 죽음을 이야기하는 것이 불편한 사회에서 우리는 죽음을 멀리하고 죽은 자들과의 접

촉을 단절하며 살아가고 있다. 하지만, 죽음과 관련된 진리가 말하는 것처럼 너도 죽고 나도 죽는다. 언제, 어디서, 어떻게 죽을지 모른다. 그러니 평소 죽음을 가까이하고, 성찰하고, 삶을 돌아보면서 남아있는 삶을 보다 의미 있게 살려는 노력은 삶의 지혜이다. 이것이 죽음 준비 교육의 핵심이다.

최근 유행하는 말 중에는 '소확행'과 '워라벨'이 있다. 전자는 소소하지만 확실한 행복을 추구하는 삶을 말하며, 워라벨은 직장 일과 개인적 삶의 균형을 추구하는 신조어이다. 이러한 단어들은 웰다잉을 뒷받침하는 말이라고 생각한다. 작지만 확실한 행복을 추구하는 것도 좋고, 자신의 삶을 돌아보며 일과 여가의 균형을 이루는 것도 좋다.

얼마 전까지만 해도 '욜로(YOLO)'라는 말도 유행이었다. 한 번뿐인 인생(You Only Live Once)을 잘 살자는 의미인데, 마치 인생을 즐기라는 의미로 치우쳐진 것이 아쉬웠다. 그밖에 웰다잉과 연관된 라틴어를 찾아보면, 카르페 디엠(carpe diem)이라는 말이 있다. '현재를 잡으라'는 말인데, '주어진 삶의 순간을 충만히 살라'는 의미로 해석할 수 있다. 또한, 아모르 파티(amor fati)라는 말도 있는데, '운명을 받아들이라'는 의미이다. 이를 '주어진 삶(운명)을 사랑하라'는 말로 재해석하여 사용하기도 한다. 이렇듯 웰다잉의 의미를 전하는 다양한 말들이 있지만, 죽음의 진리 앞에서, 좋은 삶(well-life)이 좋은 죽음(well-dying)을 만든다는 의미를 전하기 위해 '웰 라(이프가 좋은) 다(잉을 만든다)'라는 말을 전하고 싶다.

존엄하게 죽을 권리와 연명의료결정법

만일 의학적으로 적극적인 치료에도 생명의 소생이 불가능하게 되어 인위적인 연명의료 장치에 의존한 채 생명의 기간만 연장하고 있는 상황에 이르게 된다면 환자는 어떤 선택을 하고 싶을까? 이런 경우 환자 대부분은 자신의 의사를 표현할 수 없는 상태이다. 그렇다면 결정은 가족들의 몫으로 돌아간다. 가족들은 어떤 결정을 내릴까? 부모님이 이러한 상태에 이르게 된다면 한국적인 정서에서 자녀들은 끝까지 생명을 유지하기 위해 최선의 노력을 다하려 할 것이다.

종종 연명의료결정법과 관련해 지인들로부터 문의를 받는다. 대개 법적으로 어떻게 하면 인공호흡 장치를 제거할 수 있는지에 대한 내용이다. 가족들은 환자가 자가 호흡을 할 수 없는 상황에 이르게 됐을 때 대부분 인공호흡기 부착에 동의한다. 그 후 시간이 지나 몇 주 혹은 몇 달이 지나도 회복은 되지 않고, 환자는 생명의 소생과는 상관없이 인위적 장치에 의존해 숨만 유지하고 있고, 가족들 또한 다양한 고통이 지속된다. 그때야 비로소 가족들은 자신들의 선택이 잘못됐다는 것을 깨닫는다. 환자도 이렇게 무의미한 생명 연장을 원하지 않을 것이라 생각하고, 인공호흡기를 제거해야겠다는 생각에 이르는 것이다.

현대 의술의 발전은 예전 같으면 자연스럽게 죽음에 이르게 될 환자를 치료와는 상관없이 숨만 유지시킴으로써 고통 가운데 마지막을 보내게 하고 있다. 이는 환자의 의사와는 관계없는 결정인 경우가 많다. 우리나라에서 환자의 자기결정권과 존엄하게 죽을 권리에 관한 논의는 2009년 법원이 처음으로 존엄사를 인정하면서부터이다. 이는 '김할머니 사건'으로 유명하며, 당시 인공호흡기를 착용한 김할머니의 호흡기 제거가 쟁점이었다. 가족들은 김할머니의 평소 뜻에 따라 인공호흡기 제거와 무의미한 치료 중단을 요구했지만, 병원이 이를 거부하면서 소송으로 번지게 된 것이다. 결국,

대법원에서는 김할머니의 존엄사를 인정했다. 명시적 의사는 없었지만, 평소 품위 있는 죽음을 원했던 할머니의 추정적 의사가 받아들여진 것이다.

이 사건은 연명치료 중단에 관한 결정이 죽음이 임박한 환자의 인간으로서의 존엄과 가치, 행복추구권에 부합되기에 보호되어야 한다는 것을 보여준 사례다. 이후 자신의 의사를 미리 표시할 수 있도록 하는 사전연명의료의향서에 대한 사회적 논의가 활발해졌고, 2016년 1월 8일 국회는 「호스피스 · 완화의료 및 임종 과정에 있는 환자의 연명의료 결정에 관한 법률」을 의결하고, 정부는 2월 3일 이를 공포했다. 이로써 무의미한 연명의료 때문에 고통을 겪고 있는 환자의 고통을 완화하고, 환자의 자기결정권을 존중하여 인간으로서의 존엄과 가치를 보호하는 법률적 토대가 마련되었다.

사실, 이 법은 크게 두 개의 법이 하나로 합해진 것이다. '호스피스 완화의료법'과 '연명의료 결정에 관한 법'이다. 먼저, '호스피스'와 관련한 법에서 대상 질환은 기존 암관리법에서 제시하는 말기 암 환자 외에 비암성 질환인 후천성면역결핍증, 만성 폐쇄성 호흡기질환, 만성 간경화가 추가되었고, 임종 과정에 있는 환자로 확대되었다. 또한 호스피스 서

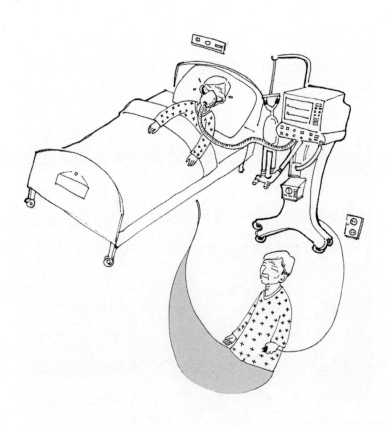

비스 지원도 기존의 입원형에서 자문형과 가정형으로까지 확대되었고, 호스피스 서비스 제공기관으로 요양병원까지 인정하고 있다. 이와 관련된 법은 2017년 8월 4일에, 연명의료 결정과 관련된 법은 2018년 2월 4일에 전면 시행되었다.

'연명의료 결정'과 관련된 법에서 중요한 것은, 말기와 임종기에 병원에서 의사와 함께 작성하게 되는 연명의료계획서와 19세 이상의 성인이 연명의료에 대한 자신의 의사결정을 미리 밝힐 수 있는 사전연명의료의향서이다. 이 두 서식 중 하나에 자신의 의사를 표시한다면, 생명 연장의 가능성이 전혀 없고, 급속도로 죽음이 임박해 임종 과정에 이르게 될 때에 연명의료를 시행하지 않거나 중단시킬 수 있다. 연명의료는 초기 항암제 투여, 혈액투석, 심폐소생술, 인공호흡기 착용으로 제한되었지만, 2019년 3월 28일 개정된 법안에서는 체외 생명 유지술(심장이나 폐순환 장치), 수혈, 승압제 투여 등의 의학적 시술도 포함하게 되었다. 사실상 임종기에 치료 효과 없이 행하는 모든 연명의료에 대한 거부를 의미하는 것이다.

사전연명의료의향서는 반드시 등록기관 상담자의 충분한 설명을 듣고서 작성하도록 되어 있다. 사전연명의료의향서에 대한 상담과 작성을 위해 오는 분들이 흔히 오해하는 몇 가지 경우가 있다. 첫째는 회복 가능성이 있는데도 사전연명 의료의향서를 작성하면 심폐소생술을 못하게 되는 것으로 오해하는 것이다. 당연히 회복 가능성이 있다면 항암제 투여나 혈액투석도 해야 한다. 갑작스럽게 사고가 나서 심폐소생술이 필요한 경우도 시행해야 하는 것은 마찬가지이다. 두 번째 오해는 생명 연장의 가능성이 있지만, 치명적인 의학적 상태가 됐을 때, 그냥 죽을 수 있도록 돕는 것으로 오해하는 것이다. 지속적 식물인간 상태, 루게릭, 중증 치매 환자는 이 법에 적용되지 않는다. 연세가 드신 노인들 중에는 그냥 오래 끌지 않고 죽었으면 좋겠다고 말하는 분도 있지만, 이는 안락사에 해당하며 현재 법에서는 불가능하다.

세계적으로 네덜란드, 벨기에, 룩셈부르크, 스위스, 콜롬비아, 캐나다, 그리고 미국의 5개 주에서 안락사가 허용되고 있다. 스위스 비영리 기관으로 안락사를 주선하는 디그니타스에서는 자국민이 아닌 외국인에게도 안락사를 허용한다. 2012~2018년까지 한국인이 18명이 있었다고 한다. 우리나라에서 안락사 논쟁은 아직 적극적으로 이루어지고 있지 않다. 하지만, 한 조사연구에 의하면, 소극적 안락사의 허용에 대한 응답에 찬성한 비율이 의사(77.2%), 일반인(66.5%),

암환자(60.0%), 환자 가족(55.3%) 순이었다. 주목되는 것은 안락사 찬성의 경우, 그 이유가 '가족에게 부담이 되지 않는 삶'을 원하는 경우가 가장 많다는 것이다. 즉, 아직 우리 사회의 죽음에 대한 인식과 태도는 가족 중심으로 이루어지고 있다는 것이다.

인간은 누구나 존엄하게 살 권리가 있다. 또한, 존엄하게 죽을 권리가 있다. 그것은 아무리 죽어가는 환자라도 인격적인 대우를 받아야 한다는 아주 기본적인 권리일 뿐만 아니라, 말기 환자가 연명 치료를 받지 않고 호스피스에서 생을 마감하기로 결정할 수 있는 권리이며, 심폐소생술로 평안히 죽어갈 권리를 침해받지 않겠다는 것이며, 뇌와 심장의 기능이 이미 멈춘 상태에서 숨만 붙어 있도록 만드는 인위적인 장치를 거부할 권리이다. 물론 이와 반대의 결정도 할 수 있다. 누군가 이러한 결정을 한다면, 이도 분명 존중해주어야 한다. 이러한 모든 결정들이 존중받기 위해서는 평소 가족들과의 대화를 통해 본인의 의사를 밝히고, 사전연명의료의향서 작성해야 할 것이다. 이것이 삶의 아름다운 마무리를 위한 하나의 준비가 될 것이다.

세상에 좋은 죽음, 나쁜 죽음 따위는 없다

세상에 좋은 죽음과 나쁜 죽음이 있을까? 어떤 학자가 좋은 죽음과 나쁜 죽음을 구별하여 이야기하는 것을 들은 적이 있다. 이 학자는 죽음을 맞이하는 사람들의 모습을 보면 그 사람의 살아온 삶을 알 수 있기 때문에 좋은 죽음과 나쁜 죽음이 있다고 설명한 것으로 기억한다. 그 이야기를 들으면서, 과연 죽음에 좋은 죽음과 나쁜 죽음이 있는가 생각해보게 되었다. 결론적으로 죽음은 그 자체로 '좋은 죽음'이다 혹은 '나쁜 죽음이다' 말할 수 없다는 것이다. 누군가의 죽음을 앞에 놓고서 이 사람은 '잘 죽었다' 혹은 '잘못 죽었다'라고 말을 할 수는 없기 때문이다.

죽음은 그냥 죽음 그 자체이다. 나쁘다 혹은 좋다고 얘기할 것이 아니다. 좋은 죽음과 나쁜 죽음을 말할 수 있는 것은 오직 살아온 삶에 대한 반영이다. 종종 우리는 '잘 살았다' 혹은 '잘못 살았다'는 이야기를 한다. 자신에게 주어진 삶의 의미를 깨닫고, 가족과 이웃을 아끼고 사랑하며 나누는 삶을 산 사람에게는 분명 '참 잘 살아온 삶'이라고 말할 것이다. 즉, 삶을 죽음과 연결지을 때 죽음도 '좋다' '나쁘다'라고 말할 수 있는 것이지 죽음 자체로 좋고 나쁨을 말할 수 있는 것은 아니다.

톨스토이는 「사람은 무엇으로 사는가?」에서 인간의 삶에 있어 가장 소중한 가치가 무엇인지 말해준다. 소설에는 하나님의 뜻을 거역해 날개를 잃고 추락한 천사 미하일이 나오는데, 그는 인간의 삶에 대한 세 가지 진리를 깨달아야만 하늘나라로 돌아갈 수 있게 되는 벌을 받았다. 그 세 가지는 "인간의 내면에는 무엇이 있는가?" "인간에게 허락되지 않은 것은 무엇인가?" 그리고 "사람은 무엇으로 사는가?"이다. 미하일은 자신을 따뜻하게 맞이해준 구두장이 시몬 부부를 만나면서 인간 내면에 있는 사랑과 긍휼을 깨달았으며, 부모 없는 두 아이를 키워준 한 이웃에게서 사람은 사랑으로 산다는 사실을 알게 된다.

그렇다면 인간에게 허락되지 않은 것은 무엇인가? 그것은 자신의 앞에 드리운 죽음도 모른 채 값비싼 장화를 만들어달라고 부탁한 한 부자를 보면서 깨닫게 된다. 저승사자와 같은 일을 했던 미하일이라서 그랬을까? 그는 1년을 신어도 망가지지 않을 장화를 주문하러 온 이 남자가 그날 죽을 운명이라는 사실을 알게 된다. 그래서 장화를 만드는 대신에 죽은 사람이 신는 슬리퍼를 만든다. 즉 인간에게 허락되지 않은 것은 자신에게 정말 필요한 것이 무엇인지 아는 지혜이다. 정말 필요한 것은 무엇일까? 톨스토이는 인간이 살아가는 현재의 삶에서 가장 필요한 것은 바로 '사랑'이라는 것을 암시한다.

즉, 마음에 사랑이 가득한 사람은 하나님의 사랑 안에 사는 것이며, 하나님은 사랑 그 자체이기에, 그 사랑 안에 산다는 것은 살아계신 하나님 안에 사는 것이므로 삶과 죽음도 초월해 사는 것이라는 기독교적 진리를 전해준다. 또한, 이 소설에서 괴팍하게 묘사된 부자는 1년을 신어도 망가지지 않을 장화를 부탁했지만, 그날 죽게 되므로, 1년이 아니라 하루도 장담할 수 없는 것이 바로 인간의 삶이라는 메시지도 전해준다.

이와 유사한 이야기가 성경에도 나온다. 바로 누가복음 12

장이다. 한 남자가 예수님께 요청한다. 자신의 형에게 말해서 자신에게 유산을 나눠 달라는 부탁이다. 예수님은 그에게 "모든 탐심을 물리치라. 사람의 생명이 그 소유의 넉넉한데 있지 아니하다"(15절)고 말씀하시며 한 가지 비유를 든다. 밭에 소출이 풍성한 부자의 이야기다. 소출이 많아 곡식쌓을 곳간을 더 크게 짓고 모든 곡식과 물건을 쌓아 두고 그저 먹고 마시고 즐길 삶을 생각하는 부자에게 하나님은 말씀하신다. "어리석은 자여 오늘 밤에 네 영혼을 도로 찾으리니, 그러면 네 준비한 것이 누구의 것이 되겠느냐?"(21절). 재물을 쌓아두었지만, 자신의 안위만을 생각하는 부자에게 던지는 엄중한 경고의 메시지다.

시편 49편에도 자기의 재물을 의지하고 부유함을 자랑하는 자에 대한 경고의 메시지가 나온다. 시편 기자는 "그가 영원히 살아서 죽음을 보지 않을 것인가"(9절)라고 반문하며, 그들의 거처가 영원할 것처럼 장담하지만, 결국 그들이 쌓은 재물은 가져갈 것이 하나도 없다는 사실을 말하고 있다. 유독 성경은 부자들에 대한 경고가 많다. 거지 나사로의 이야기도 사실 부자에 관한 이야기로부터 시작된다. "한 부자가 있어 자색 옷과 고운 베옷을 입고 날마다 호화롭게 즐기더라."(누가복음 16:19) 이 모두의 공통점은 자신의 부유함을 자랑하고, 주변 사람을 돌보지 않고, 자신의 죽음을 생각하지 못했다는 점이다.

'좋은 죽음'이란 살아온 삶을 반영한다. 죽음을 생각하며 오늘 하루를 사랑과 긍휼, 나눔과 섬김으로 살아가는 사람들은 '좋은 죽음'을 준비하는 것이다. '나쁜 죽음'이라 말할 수 있는 것은 또한 삶에서 그러한 구체적인 실천을 하지 못한 채 자신만을 위해서 살아온 사람의 죽음이라 할 수 있을 것이다. 톨스토이의 소설 「사람은 무엇으로 사는가」와 예수님의 비유는 바로 오늘 하루를 어떻게 살아야 좋은 죽음을 준비하는지를 보여주는 소중한 예이다.

최근 웰다잉 문화 확산과 더불어 연명의료를 거부하며 품위 있는 죽음을 맞이하는 분들의 이야기를 비롯해 자기 죽음을 미리 준비하는 사람들의 신문기사를 종종 접하게 된다. 병세가 악화된 한 말기 환자는 생전 장례식을 했다. 몇십 명 정도의 지인들을 청하여 마지막 인사를 나누었다. 추억을 나누고 노래를 부르고 포옹하며 장례식을 마쳤다. 인간이 겪는 모든 통과의례는 반드시 자신이 참여하지만, 단 한 가지 장례식에는 그 주인공이 참석할 수 없다. 미리 하는 장례식을 통해 삶을 아름답게 마무리하는 것도 '좋은 죽음'을 맞이하는 하나의 길이라 생각한다.

2018년 세상을 떠난 LG 구본무 회장은 평소 살아왔던 모습대로 죽음을 맞이한 것으로 유명하다. 그는 평소 불필요한 격식을 좋아하지 않았고 검소한 삶을 추구했다고 한다. 다른 사람들에게 부담을 줄까 싶어 자녀들의 결혼식도 친인척만 초대해 조용히 치렀다고 한다. 그는 투병과정에서도 연명치료를 거부했고, 가족들이 지켜보는 가운데 조용히 죽음을 맞이했다. 그의 삶의 모습대로 가족들은 '비공개 가족장'을 결정했고, 수목장을 통해 자연으로 돌아갔다.

죽음의 질 지수 평가에서 1위를 차지한 영국의 경우 좋은 죽음(Good Death)이란 "익숙한 환경에서, 존엄과 존경을 유지한 채, 가족, 친구 등 사랑하는 사람과 함께 고통 없이 사망에 이르는 것"이라고 정의한다. 최근 우리나라에서 실시한 좋은 죽음에 대한 인식 조사연구에서 중년이 인식하는 좋은 죽음을 크게 세 가지로 나눈다. 첫째, 담담하게 맞이하는 죽음이다. 이는 두려움 없이 마음의 준비가 된 상태로 온전한 정신을 유지하면서 자신의 삶을 정리하는 죽음을 말한다. 둘째, 좋은 사람으로 기억되는 죽음이다. 마지막 순간에 평안한 모습으로 가족들에게 둘러싸여 인사 나누며 자손들에게 좋은 모습으로 기억되길 희망하는 것이다. 셋째는 자신이 결정하는 죽음이다. 무의미한 연명 치료에 의존하지 않고 존엄함을 지키면서 맞이하는 죽음을 말한다.

　당하는 죽음이 아니라 맞이하는 죽음, 좋은 기억으로 남는 죽음, 존엄함을 유지하는 죽음은 누구나 원하는 모습일 것이다. 한 사람의 죽을 때 모습은 어떠할까? 대부분 그가 살아온 삶의 모습이 그 마지막을 말해줄 것이다. 그러기에 평소 죽음을 성찰하고 준비하는 것은 좋은 삶을 누리고 아름답고 존엄한 죽음을 맞이하기 위한 하나의 방법이다. 또한 '좋은 죽음'은 인간 삶의 참된 가치를 추구함으로 맞이할 수 있고, 자기의 죽음을 준비하는 실제적인 행동을 통해서도 이룰 수 있다고 믿는다.

장례식과 사별 돌봄

많은 유럽인들은 교회에 출석하지는 않지만 종교세를 낸다고 한다. 태어날 때 세례를 받은 사람은 교인으로 간주 되어 공식적으로 교회를 탈퇴하기 전까지 세금을 내야 한다. 그렇지만 교회 출석을 꺼리거나 아예 교회를 떠나는 사람들이 많아지고 있는데도, 아직까지 종교세를 내가면서도 그 적을 유지하는 사람이 많은 이유는 종교세를 내지 않으면 결혼식과 장례식 등 중요한 생애 의례를 집례 해주지 않기 때문이다. 그만큼 종교공동체에서 행해지는 결혼식과 장례식을 중요하게 여긴다는 방증일 것이다. 사실 상실의 슬픔으로 힘든 시기에는 목회자와 성도들의 조문 자체가 큰 위로가 된다. 게다가 목회자가 임종 예배를 비롯해 입관, 장례, 하관 예배를 주관해주니 어려운 시기에 큰 힘이 된다.

최근 의례와 치유에 관한 연구 사례들이 많이 나오고 있다. 의례의 기능 가운데 하나는 위로와 치유이다. 특별히 변화가 필요하고, 한 걸음 더 앞으로 나아가야 할 시기에는 더욱 그렇다. 출산, 성년, 결혼, 장례 때 행하는 통과의례는 인간이 살아가면서 반드시 겪어야 할 과정이다. 이 시기에 의례는 참여자들을 새로운 세계로 통합시키는 기능을 한다. 성인식은 미성년자를 의례의 전이 과정을 통해 성인집단으로 통합시키는 의식이다. 결혼도 마찬가지로 미혼인 남녀를 의례를 통해 부부로 통합시키는 기능을 한다.

장례와 추모의례는 사별을 경험한 사람들이 죽음을 인지하고, 슬픔을 표현할 길을 제시해주며, 죽은 대상과의 영적인 결속을 유지시켜주는 역할을 한다. 특별히, 장례예배는 가족들을 비롯해 공동체 일원들이 참여하는 가운데 죽음을 공인하고, 감정을 표현하고, 죽은 이의 삶의 가치를 인정하고, 다시 만날 희망을 얻으며, 위로를 받을 수 있는 중요한 장이다. 하지만, 이러한 의례가 참된 치유와 변혁적인 힘을 갖

기 위해서는 개인화(personalized)되고, 특별화(specialized)
되어야 한다.

모든 죽음은 각기 다르며 특별하다. 똑같은 삶을 사는 사
람이 없는 것처럼 똑같은 죽음도 없다. 개인적 혹은 가족적
상황에 맞는 특별한 의례는 사별자들에게 위로와 감동을 주
기에 충분할 것이다. 모든 슬픔 치유를 위한 의례는 죽은 사
람과의 지속적 결속을 강조하며 지난 삶을 기리는 역할을
한다. 이렇게 개인의 삶을 기리고 추억하며, 오늘의 삶 속에
서 지속적인 결속으로 이어지기 위해서는 창조적인 의례가
필요하다.

특별히, 일반적으로 사별 애도의 기간이 평균 1년 정도가
되기에 일주기 추모식(예배)을 중요하게 생각할 필요가 있
다. 미국 문화에서는 장례가 끝나고 한 달이 지나지 않을 무
렵에 메모리얼 서비스(memorial service)를 별도로 하는 경
우가 많다. 고인의 삶을 기리고 남겨진 자들을 위로하는 모
임이다. 한국에는 삼일 안에 장례 절차가 끝나고 나면, 사람
들이 다시 모여 고인을 추억하고, 삶을 기리고, 유가족들을
위로할 수 있는 별도의 시간이 없다. (물론 전통 양식에 따
르면 49제 등으로 고인을 기리고 있지만, 이도 흐지부지된
인상이 짙다.)

게다가, 상실 초기 며칠 동안은 급격한 슬픔에 무감각과 혼동을 경험하는 때이다. 이 시기에 장례 절차가 다 끝나버리니 실제 의례가 줄 수 있는 치유적인 효과를 경험하기 힘들 수 있다. 이 때문에 비탄과 애도의 과정을 겪은 후에 별도의 모임이 필요하다. 추모 1주기는 바로 그러한 시간이 될 수 있다. 가족과 목회자가 함께 추모예배를 계획하고, 가까운 사람들을 모셔, 교회나 적절한 규모의 장소에서 고인을 기억하고 추모하는 특별한 모임은 유가족들 마음을 다시금 위로할 수 있는 좋은 시간이 될 것이다.

더불어 1주기가 되기 전 목회자는 이 시기를 기억하고 사별 가족에게 편지, 카드, 문자메시지를 통해 고인의 죽음을 기억하고 있음을 알리면서 도와줄 수 있는 일이 있는지 미리 묻는 것도 중요하다. 이렇게 적어도 사별 이후 1년 동안은 목회자의 지속적인 돌봄이 중요하다. 많은 목회자들이 장례예배의 중요성은 인식하고 있지만, 사별한 가족들이 겪게 될 사별 슬픔의 과정에 대해서는 큰 관심이 없는 듯하다. 그저 신앙심으로 극복하거나 시간이 지나면 해결이 될 것으로 생각하기 때문인 것 같다. 장례의 모든 절차가 끝나고 비탄의 과정을 지나 일상의 삶이 시작되면 사별자들의 마음은 더 혼란스럽다. 삶은 변한 것 없이 잘 돌아가는 것처럼 보이지

만 자신은 아직 서야 할 곳을 찾지 못한 채 사그라지지 않는 슬픔과 씨름하고 있는 것을 발견한다.

그러면서 사람들과의 만남을 회피하게 된다. 자신들의 마음을 깊이 알아주고 공감하지 못한 채 형식적인 위로를 건네는 사람들의 모습에 실망하기도 하고, 심지어 상처받기도 한다. 이러한 시기에 목회자의 지속적인 관심과 돌봄은 사별한 교인이 애도의 과정을 잘 겪어내고, 나아가 일상의 삶으로 회복하는 데에 큰 도움이 된다. 적어도 한 시간 이상 충분히 이야기를 경청할 시간을 가지고 전화나 심방을 통해 마음을 들어주는 것이 필요하다. 또한, 예배를 비롯해 소모임과 기타 프로그램에 참여하도록 격려하는 것도 중요하다.

최근 한 연구에 의하면 신앙공동체와 목회자의 역할이 사별 슬픔을 겪는 여성들에게 가장 큰 도움을 주었다고 밝히고 있다. 사별 슬픔을 겪는 여성들을 대상으로 한 질문 중, '사별의 슬픔을 극복하는 데 가장 큰 도움이 되었던 것'에 대한 문항에 응답자들은 '예배를 통한 치유와 회복'을 첫 번째로 들었다. 또한, 성경공부, 제자훈련 등 신앙공동체 안에서 제공해주는 프로그램을 통해 치유와 회복을 경험했다고 한다. 그러니 적절한 프로그램의 제공과 참여를 위한 격려가 필요하다. 성경은 신앙공동체가 위로의 공동체임을 밝히고 있다. 고린도후서 1장에서 바울은 하나님을 "모든 위로의 하나님" 으로 표현한다. 하나님은 바울이 겪은 모든 환난 가운데 위로자가 되어 주셨고, 그 받은 위로로써 환난 가운데 있는 모든 자들을 위로하게 하려 함이라고 고백한다.

> "즐거워하는 자들과 함께 즐거워하고 우는 자들과 함께 울
> 라"(로마서 12:15)

이렇게 신앙공동체는 위로의 공동체로 부름 받았다. 신앙 공동체가 안전한 위로의 공간이 되기 위해서는 바른 위로의 방법을 알아야 한다. 미성숙한 위로는 오히려 상처를 주기 때문이다. 미성숙한 위로의 형태는 몇 가지가 있다. 첫째, 형식적인 말을 전하는 경우이다. "힘내" "괜찮아" 등이 이에 속한다. 둘째, 상처가 되는 말도 있다. "다른 가족도 생각해야지" "고인도 네가 이러는 걸 원치 않을 거야" "천국에서 하나님이 필요해서 데려간 거야" 등 하나님의 뜻을 말하려는 경우도 있다. 세 번째는 울면 "울지 마라" 울지 않으면 "울어라" "울어도 괜찮다" 등의 말로 애도하는 사람의 감정을 제어하려는 경우를 말한다.

가장 중요한 것은 곁에 함께 있어 주는 것이다. 말을 하지 않아도 좋다. 장례의 모든 과정이 끝나고 삶으로 복귀한 가족들에게 슬픔 치유를 위한 세미나 제공, 예배와 소모임 참석을 위한 격려, 1주기 추모를 위한 예배 제공, 애도 기간 혹은 1주기가 되기 전에 카드나 문자 보내기 등 사별자들의 안전한 애도 과정을 돕기 위한 노력이다.

2장 죽음의 일반적 모습

죽음의 다섯 가지 유형과 관심받지 못한 죽음

죽음의 유형을 분류해보면 크게 다섯 가지로 구분할 수 있다. 갑작스러운 죽음, 예견된 죽음, 사회적으로 용인되지 않는 죽음, 관심받지 못하는 죽음, 그리고 모호한 죽음을 들 수 있다. 이렇게 죽음의 유형을 나누는 것은 그 죽음에 따른 슬픔을 비롯한 감정의 반응이 각기 다르기 때문이다. 사실 죽음은 다양하며 죽음 이후에 겪는 유가족들의 슬픔과 애도의 과정은 각자만의 독특한 방식으로 진행된다. 하지만 비슷한 상실의 유형에 따라 공통적으로 겪게 되는 일반적인 감정들이 있는 것 또한 사실이다.

관심받지 못하는 죽음이란 사회적으로 죽음이라고 인정

받지 못한 죽음을 뜻한다. 유산, 사산, 낙태 등이 여기에 해당되는데 이로 인해 부모는 큰 상실감을 경험한다. 낙태에 대한 첨예한 생명윤리학적인 논의는 뒤로하고, 상실과 애도의 관점에서 생각해본다면 이 또한 부모가 겪는 슬픔과 아픔이다. 최근 신생아 수가 많이 줄었다. 2018년 통계에 의하면 출생아 수는 32만6,900명이다. 그런데 놀라운 사실은 2017년 낙태 건수가 62만3,471건이라는 것이다. 태어나는 아이보다 세상의 빛을 보지 못하는 아이들의 수가 두 배에 이른다. 낙태는 사실 통계에 잘 잡히지 않기에 통계에 포함되어 있지 않은 낙태아 수까지 합한다면 그 이상이 될 수도 있다.

2010년 보건복지부가 15세에서 44세까지의 가임기 여성을 대상으로 조사한 인공임신중절 실태조사에 의하면 '한 번이라도 낙태 경험이 있다'고 대답한 여성이 10명 중 3명(29.6%)이나 된다. 하지만 우리 주변에 낙태한 여성의 이야기는 잘 들을 수 없다. 왜냐하면, 낙태는 사회적으로 용인되지 않는 죽음이기 때문에 그 사실을 숨기게 된다. 또한, 사회적으로 관심받지 못하는 죽음이기에 슬픔을 표현하기도 힘들다. 낙태한 부모의 마음을 생각해본 적이 있는가? 미혼이건 기혼이건 상관없이 이들이 느끼는 감정은 죄책감, 수치심, 미안함일 것이다. 하지만 누구에게 이야기할 수 있을 것인가? 사회적으로 용인되지도 않고, 죽음으로 인정되지도 않는 이러한 죽음 앞에 겪는 감정의 혼란은 오랫동안 지속될 것이며 마음을 표현할 수 없기에 정신적, 육체적, 행동적으로 어려움을 겪을 수도 있다.

임신기에 경험하는 아이의 죽음, 즉 낙태, 유산, 사산은 일반적으로 살아있는 생명의 죽음이라고 여기지 않는 경향이 있다. 유산한 여성을 위로하기 위해 전하는 주변 사람들의 말만 들어도 알 수 있다. "아이는 또 낳으면 되지" "괜찮아, 잊어버려" "산모만 건강하면 돼" 등의 말이다. 하지만 만일 2~3개월 된 아이가 죽었다고 생각해보자. 그때도 "아이는 또 낳으면 되지"라고 말할 수 있을 것인가? 낙태를 비롯하여 유산, 사산, 신생아의 죽음도 부모가 마땅히 슬픔을 표현해야 할 어린 생명의 죽음이다. 부디 다음과 같은 말도 삼가길 바란다.

"하나님께서 다른 천사가 필요했나 보다."

"하나님이 뜻하신다면 또 아이를 갖게 될 거야."

"더 열심히 하나님께 기도해봐. 뭔가 하나님의 뜻을 알게 될 거야."

부부가 임신 사실을 알고 기뻐하며, 태아와 교감하며, 이야기 나누고, 어루만져주며 보냈던 시간들을 상상해보라. 태

명을 짓고, 아이와 함께 할 새로운 삶을 꿈꾸며 희망에 차 있었던 부부의 모습을 상상해보라. 그냥 잠시 소유한 물건을 잃어버린 것이 아니다. 그냥 잊거나 다른 것으로 대체할 수 없는 큰 상실의 경험이다. 생명을 잃은 것이다. 아이에게 품었던 부부의 꿈과 희망을 잃은 것이고, 자신의 일부 혹은 전부를 잃은 큰 아픔과 슬픔이다.

미국 병원에서 일할 때, 유산이나 사산의 경우에는 부부에게 아기의 이름을 지을 수 있도록 돕고, 원한다면 죽은 아기를 위한 세례를 행하도록 했다. 더 나아가, 정말 죽음으로 생각한다면 작은 장례예배도 할 수 있다. 아기의 이름을 짓고, 아기를 상징할 수 있는 사진이나 물건을 단 위에 올려놓을 수 있고, 부부가 미리 편지를 써서 낭독할 수 있는 시간을 마련하면서 감정을 표현할 수 있도록 도울 수 있다. 간단한 메시지도 가능하지만, 억지로 하나님의 뜻을 말하려고 노력하기보다는 위로가 되는 시나 기도문으로 대신 할 수도 있다. 다음은 유산과 사산한 부모를 위한 기도의 예이다.

하나님, 우리가 고통과 슬픈 가운데 있습니다. 생명의 탄생을 위해 기도하며, 기쁨과 사랑의 마음으로 기대하며 기다렸습니다. 하지만, 한 생명에 대한 약속이 이리도 빨리 끝이 나고 말았습니다. 아기침대 속 새 생명의 경이한 미소와 부드러운 자장가 소리에 곤히 잠들 아기의 모습을 기다렸습니다. 우리의 가슴은 고통과 침묵 가운데 텅 비어버렸습니다. 우리의 마음은 슬픔과 분노의 교차 가운데 탄식하고 있습니다. 생명의 창조주 하나님, 안타까움에 함께 눈물 흘리실 하나님, 치유의 하나님, 우리에게 치유의 손길을 내밀어 위로하여 주옵소서. 마음의 고통과 탄식 가운데 있는 ○○○을(를) 위로하여 주옵소서. 하나님의 사랑의 날개 아래 품어 주시고, 상실로 인해 애도하는 ○○○에게 다시 일어설 수 있는 힘을 주옵소서.

유산(miscarriage)은 태아가 생존이 가능한 시기 이전에 임신이 종결되는 경우이며, 사산(stillbirth)은 보통 임신 4개월 이후 분만 시 태아가 사망해 있는 경우를 말한다. 신생아가 죽는 경우도 있는데 이는 영아돌연사증후군(SIDS)이라고 말한다. 유산과 사산을 경험한 엄마들의 이야기를 들어보면, 그들의 마음 가운데는 슬픔을 비롯한 죄책감, 후회감, 실패감, 두려움 등의 감정이 남아있음을 알 수 있다.

"좀 더 조심했어야 했는데…."

"왜 여행을 갔을까…."

"책임지지 못할 생명을 왜 만들었을까…."

이들이 겪는 마음속 감정들, 특별히 우울감은 외출을 자제시키고, 사람들과의 만남을 멀리하게 되며, 자신을 책망하고, 다음 임신에 대한 두려움을 갖게 한다.

사실, 아빠들보다는 엄마들이 더욱 이러한 감정들을 느낀다. 부부가 알아야 할 것은 남편과 아내가 느끼는 감정이나 상실에 대한 반응이 서로 다르다는 사실이다. 그러기에 남편과 아내는 유산에 대한 정서적 반응을 서로에게 있는 그대로 표현할 수 있어야 한다. 둘 중 한 사람이 더 심각한 충격을 받을 수 있기에, 다른 한 사람은 위로자의 역할을 해야 할 것이다. 서로에 대한 편견을 갖지 말고 서로의 말에 귀를 기울여야 한다. 그렇지 못하면 생각지도 않은 부부갈등으로 번질 수도 있다.

미국에서 한인교회 사역을 할 때, 가깝게 지내던 집사님이 있었다. 아들이 둘 있었는데 셋째를 임신했다. 집사님 내외는 너무 기뻐했고, 교인들도 함께 축하해주었다. 그런데, 노산이라서 그랬는지, 얼마 후에 유산이 되었다는 사실을 알게 되었다. 집사님은 사람들을 만나는 것을 꺼렸고, 한 달간을 교회에 나오지 않았다. 이때 가장 가깝게 지내는 한 집사님이 집에서 음식을 해주면서 여러 가지 도움을 주었다. 몇몇 교인들은 편지를 써서 위로해주었고, 나 또한 카드에 기도문을 담아서 보내주었다. 한 달 후 다시 교회에 나온 집사님은 교인들에게 감사의 인사를 하면서 많은 위로와 힘이 되었다고 말했다.

유산을 경험한 사람은 초기에 홀로 있고 싶어 한다. 이때는 부부가 서로에게 위로를 전할 수 있는 가장 좋은 친구가 될 수 있고, 둘만의 시간을 보내는 것도 좋다. 가족과 친구들이 전하는 위로의 말이나 글도 힘이 된다. 중요한 것은 유산은 한 사람의 생명을 상실한 것이라는 인식이다. 그러기에 사별 슬픔을 애도하는 과정이 반드시 필요하다. 상실의 현실을 받아들이고, 사별의 고통을 겪으며 슬픔을 표현할 수 있도록 도와주어야 한다. 마음이 어떤지 물어봐야 할 것이며, 공감적 경청을 위한 준비가 되어 있어야 한다. 또한, 음식을 해주거나 다른 자녀를 돌봐주는 일도 중요하다. "도울 일이 있으면 연락하라"는 말보다는 실제로 도울만한 일이 뭐가 있는지 확인해 미리 도움을 줄 수 있으면 더없이 좋을 것이다.

갑작스러운 죽음과 사회적 애도

누군가 사랑하는 사람이 갑작스럽게 세상을 떠난다면 나의 마음은 어떨까? 그야말로 오늘 아침까지도 정겹게 이야기 나누던 사람이 그날 갑작스런 사고로 죽게 된다면 그 충격과 슬픔은 이루 말할 수 없을 것이다. 2018년 통계에 의하면 한국에서 한해 약 29만8,000명이 죽었다. 하루 평균으로 따지면 820여 명이다. 이 중 약 10%는 각종 사고에 의한 죽음이다. 이는 예상하지 못한 상태에서 갑작스럽게 죽음을 맞이하는 경우이다. 하루 평균으로 보면 80명이 넘는 사람들이 교통사고, 화재사고, 붕괴사고, 추락사고 등으로 세상을 떠나게 된다는 말이다. 적지 않은 숫자이다.

앞서 죽음의 유형을 크게 다섯 가지로 구분했다. 그중 갑작스러운 죽음이 있다. 갑작스러운 죽음이란 각종 사고나 심장마비 등 예고 없이 발생하는 죽음을 말한다. 이를 돌연사라고 말하기도 하는데, 누구도 예상할 수 없는 상황에서 갑작스럽게 발생하는 죽음이기 때문에 남아있는 가족들에게 큰 충격을 안겨준다. 충격과 더불어 죽음을 받아들이지 못하고 부정하게 되며 일반적으로 혼란과 마비 현상을 경험하게 된다.

우리나라는 유난히 대형사고가 자주 일어난다. 건물이나 다리가 붕괴되는 사고로부터 대형 화재사고에 이르기까지 일상적인 삶 속에서 전혀 예상할 수 없는 큰 사고를 겪게 된다. 길을 걷다가, 백화점에 갔다가, 다리를 건너다가, 수학여행을 가다가, 운전을 하다가 사고를 당할 수도 있다. 이러한 갑작스러운 사고는 유가족들뿐 아니라 이 소식을 접하는 많은 사람들에게 큰 충격을 안겨준다.

슬픔의 종류 가운데는 '정신 외상적 슬픔(traumatic grief)'이 있다. 이는 일어나지 않았어야 할 갑작스럽고 충격적인 죽음으로 인해 겪는 유족들의 슬픔을 말한다. 특별히 이러한 죽음을 목격했다거나 막을 수 있는 사고였다고 생각한다면, 남은 가족들은 슬픔뿐 아니라 분노와 죄책감이 더하게 되며 복잡한 애도의 과정을 겪게 된다. 또한 '외상 후 스트레스 장애(PTSD)'에서 경험하는 것처럼 사건 이후 예기치 않은 어떤 상황에서 그때의 경험이 다시 일어날 것 같은 공포감을 느끼게 된다.

주변에서 큰 교통사고 이후 오랫동안 운전하기 힘들었다는 사람들의 이야기를 들어 본 경험이 있을 것이다. 우리말에 '자라 보고 놀란 가슴 솥뚜껑 보고도 놀란다'는 말도 있다. 이처럼 '정신 외상적 슬픔'이란 지속적으로 충격이 이어지는 경우를 말한다. 집중력 저하나 인지기능에 문제가 생기기도 하고, 잠자기가 힘들고, 가벼운 자극에도 과민한 반응을 보이며, 쉽게 분노를 보이고, 다른 사람들을 지나치게 경계하는 현상도 일어난다. 그 기간은 짧게는 일주일에서 길게는 몇십 년도 더 걸린다.

트라우마 치료는 전문적인 상담사에 의해서 이루어져야 한다. 초기에는 반드시 안정적으로 지지하며 심신의 회복에 초점을 두어야 한다. 또한, 죄책감과 같은 감정적인 면의 치유와 더불어 돌연한 죽음의 상황에 압도당한 충격을 완화시키기 위한 정서적인 지지와 그 사고에 대해 이야기를 나눔으로 용기를 북돋는 일이 중요하다. 윌리엄 워든(William Worden)은 갑작스럽게 죽음을 당한 유족들을 위한 돌봄을 위해 몇 가지 방법을 제시한다.

첫째, 고인의 시신을 보여주라. 이는 사별 애도를 촉진하고 현실화하는 것을 도와준다. 이를 통해 상실의 현실을 받아들이는 것을 도울 수 있다. 하지만, 시신의 훼손이 심한 경우 직접 보는 것으로 인해 트라우마로 남게 하는 것보다는 가족 가운데 자원하는 사람이나 다른 사람을 통해 확인하는 것도 좋은 방법이다. 둘째, "곧 괜찮아질 거야" 등의 상투적인 메시지로 위로하려 하지 말라는 것이다. 셋째, 지역사회와 종교단체가 사별 모임을 제공하고 지속적으로 돌보면서 지지집단이나 자조 모임을 구성할 수 있도록 돕는다. 넷째, 죽음과 관련한 추모의례를 활용한다.

대형사고로 인한 집단 참사의 경우에는 네 번째 말한 의례를 통한 위로와 돌봄이 가장 중요하다. 공동으로 매 주기마다 희생자들을 기억하고 추모하는 의례를 통해 공동의 기억으로 새기는 일은 유족들의 마음에 깊은 위로를 전해줄 수 있다. 이를 위해 추모를 위한 공동의 장소 마련하는 것이 중요하다. 집단 참사의 경우 유가족들뿐 아니라 집단 구성원

들이 함께 참여하는 사회적 애도가 필요하기 때문이다. 이를 미국에서는 공공의 애도(public mourning)라고 말한다.

2017년 10월 미국 라스베이거스에는 58개의 흰색 나무 십자가가 40일 동안 세워졌다. 이는 당시 59명의 사망자와 527명의 부상자를 낸 라스베이거스 총기 난사 사건 희생자를 추모하고 위로하기 위해 제작된 것이다. 각각의 십자가에는 희생자의 이름, 나이, 사진이 걸려 있었다. 이러한 십자가를 만든 사람은 시카고에 거주하는 목수 그렉 재니스(Greg Zanis)다. 그는 지난 20년 동안 미국 전역에 이만 개가 넘는 추모용 십자가를 제작해 보급했다. 올렌도 나이트클럽 총기 난사 사건, 코네티컷주 샌디 후크 초등학교 총기 난사 사건, 콜로라도 영화관 총기 난사 사건 등 참사의 희생자들을 추모하기 위해 십자가를 설치해왔다. 가장 최근인 2019년 8월에는 텍사스주 엘패소(El Paso)에서 총기사고가 일어났다. 월마트에서 일어난 총기사고 이후 주차장에는 20개의 흰색 십자가가 늘어서 있었고, 많은 사람들이 그 주변에 모여 함께 추모하는 것을 볼 수 있었다.

이렇게 한 공간에 십자가가 서 있기에 희생자 가족들은 이곳에 와서 자신이 사랑했던 사람을 추모할 수 있었다. 추모를 위한 공간과 조형물은 희생자들을 기억하고 추모하고 다시는 그러한 참사가 일어나지 않기를 바라는 소망의 기도를 드릴 수 있는 장이 된다. 우리나라에서는 1994년 성수대교 붕괴사고가 있었다. 32명이 사망하고 17명이 부상한 사고였다. 서울시에서는 1997년 성수대교 북단에 위령탑을 건립했다. 매해 10월 21일이면 이곳에서 추모제가 열리고 성동구에서는 20일과 21일을 추모 기간으로 정하고 있다.

한국 사회에서는 화재, 폭발, 붕괴 등 대형 참사가 유난히 많다. 하지만 이에 대한 적절한 치료나 추모를 위한 활동은 활발하게 진행되지 못하고 있다. 사회적 사건 혹은 참사를 기억하고 함께 추모하는 일은 남아있는 가족들에게 뿐 아니라 집단 구성원들이 트라우마에서 벗어나 집단적 치유를 경험할 수 있는 기회를 마련해준다.

이러한 공동의 추모는 교회에서 지속하여온 신앙의 전통이다. 특별히 11월 1일 '모든 성인(聖人)의 날(All Saint's Day)'은 오랜 기독교 전통 가운데 하나이다. 313년 기독교가 국교로 선포된 이후 지방에서는 성인들과 순교자들을 추모하는 행사들이 일어났는데 이것이 '모든 성인의 날'의 유래가 되었다. 당시 행사는 주로 5월에 행했는데, 11월 1일로 날짜를 바꾼 이유는 켈트족의 삼하인(Samhain)이라는 전통 축제와 연관이 있다. 교황 그레고리 3세(731~741)는 이교도들이 행하는 모든 축제를 없애고자 삼하인 축제일이었던 11월 1일을 '모든 성인의 날'을 지정했다. 그렇게 바뀐 날짜는 현재까지 지속해서 지켜지고 있다. 유럽과 미국의 신앙 공동체는 '모든 성인들의 날'에 한 해에 죽은 이들을 기억하고 추모하는 예배를 드린다.

이렇게 교회 공동체가 함께하는 공동의 추모는 교회라는 장에서 이루어진다. 하지만, 사회적 애도가 필요한 참사에는 반드시 이를 추모할 별도의 적절한 공간이 필요하다. 사회가 기억하고 공동으로 애도할 수 있는 장소와 추모일을 정하는 것도 필요하다. 그런 의미에서 세월호 희생자들을 기리는 추모공원 건립 계획은 사회적 애도와 치유를 위한 좋은 방법이라 믿는다. 세월호 사고, 대구 지하철 화재, 삼풍백화점 붕괴, 성수대교 붕괴, 씨랜드 화재 등 우리가 기억해야 할 참사들이 많다. 추모의 장을 마련함으로 공동의 기억으로 만들어 참사와 그로 인한 희생자들을 기억하고, 이 땅에 다시는 대형 참사가 발생하지 않기를 희망한다.

예견된 죽음

한 TV에서 방송강의를 할 때 있었던 일이다. 가정에서 환자를 돌보는 것이 얼마나 힘든지에 대해 이야기를 하던 중 방청객들에게 다음과 같이 질문했다.

"만일 여러분의 남편이 회복되기 힘든 질환으로 집에서 돌봄을 받고 있다고 상상해보세요. 남편은 전혀 거동할 수 없어서 당신은 쉴 틈 없이 남편을 돌보며 집안일을 다 해야 하는 상황입니다. 그런데 돌봄의 기간이 생각보다 길어져 1~2년이 지나도 같은 상황이 지속된다면 여러분은 어떤 생각이 들까요?"

그때 한 방청객이 용감하게도 이렇게 말했다.

"이 인간 언제 죽나!"

예견된 죽음은 말기 질환 혹은 장기간의 질병으로 인해서 죽음을 예상하고 있는 경우를 말한다. 이렇게 죽음을 예상하는 경우 가족들은 오랜 기간 간병으로 인해 정신적, 육체적 소진이 일어나고, 정상적인 생활에 어려움을 겪기 때문에 이러한 고통이 빨리 끝나기를 바라거나 간호에 소홀할 때가 있다. 이는 환자가 죽은 이후에 아무에게도 말하지 못할 죄책감, 수치감, 그리고 후회감으로 남게 된다.

사실 가정에 장기 환자가 있는 경우는 가족들의 고통이 이만저만이 아니다. 가족이 매일 환자를 돌봐야 한다면 일상의 삶을 감당할 수 없을 정도로 환자를 위한 많은 돌봄이 요구된다. 처음에는 기꺼운 마음으로 시작했다 하더라도 시간이 지날수록 육체적 피로와 정신적 스트레스가 쌓여간다. 이로 인해 혼란스러운 감정이 일어난다. 때로는 '이쯤에서 고통이 끝났으면 좋겠다'는 생각이 들기도 한다. 돌봄에 정성을 다하지 못할 때도 있다. 요즘은 요양병원과 같은 시설에 환자의 돌봄을 맡기는 예도 있다. 이 경우 가족들은 육체적 피로에서는 벗어날 수는 있지만, 그렇다고 해서 미안함이나 죄책감 같은 마음의 짐에서 벗어나기는 쉽지 않다.

　얼마 전 남편을 잃은 부인을 만났다. 그녀는 몇 해 동안 집에서 남편의 병간호를 도맡았다고 한다. 그녀의 마음이 어떤지 물어보니 "남편은 천국에 갔다"고 말하면서 많이 슬프거나 힘들지 않다고 말했다. 하지만 남편이 죽고 난 후 잠을 제대로 이루지 못하는 증상이 나타났고, 신체에 기이한 현상까지 나타났다는 것이다. 이는 남편을 잃은 상실에 대한 반응이 신체적으로 나타난 경우이다. 신앙이 깊었던 그녀는 "천국에 갔으니 괜찮다. 슬퍼할 것 없다"고 말을 했지만, 그녀의 표현되지 못한 양가감정(ambivalence)이 급기야 신체에 보이는 이상 반응으로 나타난 것이다.

　상실로 인한 반응은 크게 네 가지 차원이 있다. 감정, 인지, 신체, 행동의 반응이다. 그녀에게 설명을 해주니 자신에게 나타난 몸의 반응이 슬픔의 신체적 반응이었다는 사실을 받아들였다. 이야기를 조금 더 나눠보니 그녀는 오랫동안 남편을 돌보면서 때때로 극도의 피로와 정신적인 고통에서 빨리 벗어나고 싶은 생각이 들곤 했었다고 한다. 남편이 죽고 난 후 이로 인한 죄책감과 후회감은 그녀의 마음을 괴롭혔다. 신앙적으로 이겨냈다고 생각했지만, 누구에게도 표현할 수 없었던 깊은 감정의 고통은 피할 수 없었던 것이다.

이렇듯 죽음이 예상되지만 지연되는 경우 가족들은 더욱 힘든 상황에 빠지게 된다. 알렌 휴 콜(Alan Huge Cole)은 『굿모닝 : 알렌 박사가 말하는 슬픔 치유』에서 사별자들이 지니는 감정들 중에서 죄책감, 후회감, 수치심 등은 겉으로 잘 드러나지 않는 감정이라고 말한다. 그러기에 이러한 감정이 드는 것은 자연스러운 일이라는 사실을 알게 해야 한다고 말한다. 감정들이 표현될 때 사별자들은 감정의 고통에서 벗어날 수 있고 건강한 애도의 과정을 보낼 수 있다. 알렌 박사는 자신과 상담했던 한 여인, 트란스의 예를 통해 이사실을 말하고 있다.

트란스는 남편 토니가 파킨슨병으로 인한 합병증으로 죽기 전까지 거의 10년 넘도록 병간호를 했다. 그동안 토니의 병세는 더욱 심각해져 더 많은 간호가 필요했다. 결국, 트란스는 자신 혼자의 힘으로는 도저히 돌볼 수가 없었기에 그를 요양병원에 입원시켰다. 트란스는 매일 병원을 방문해 많은 시간을 그와 함께 보냈다. 그녀는 남편을 사랑했고, 그를 위해 헌신했다. 토니가 세상을 떠났을 때, 트란스는 '이 모든 일이 끝난 것에 대한 안도감'을 느꼈고 한다. 그것이 그녀의 수치감을 자극했다.

그녀는 알렌 박사에게 이렇게 말했다.

"제가 너무 이기적인 것 같아요, 이러한 감정을 인정하기
가 너무 어렵습니다. 하지만, 이 모든 것이 끝이 나서 잘됐다
는 생각이 듭니다. 토니가 너무 그립습니다. 수년 동안 토니
의 몸이 점점 쇠약해지는 것을 옆에서 지켜보는 것은 정말 끔
찍한 일이었습니다. 저는 또한 지금 해방감을 느낍니다. 목사
님도 아시겠지만, 그동안 눌려왔던 큰 짐에서 벗어났다는 것
이 얼마나 저를 안도시키는지요. 토니를 보고 싶지만, 같은 상
황에서는 아니고요. 결국, 제가 감당하기에는 너무나도 큰 짐
이었습니다."

트란스는 깊은 안도감을 느꼈다. 남편이 긴 세월의 고통에
서 벗어났다는 안도감과 자신이 이 모든 돌봄의 무거운 짐
에서 벗어났다는 차원에서의 안도감이다. 장기간 돌보던 환
자가 죽고 난 후에 느끼는 안도감이나 만족감은 트란스의 경
우처럼 자신이 어떻게 이런 감정을 느낄 수 있는지 의아해하
며 수치스러움을 느낄 수도 있다. 하지만 이러한 감정은 많
은 사람에게서 일어나는 공통적인 감정이라는 것을 기억해

야 한다. 주변에 신뢰할 만한 사람에게 자신의 감정을 표현하고 스스로에게 고통을 주는 일은 피해야 한다.

수년간 돌봄을 해야 하는 장기 환자 외에 임종을 앞둔 말기 암 환자를 돌보는 가족들도 마찬가지이다. 우리나라 말기 암 환자들의 호스피스 이용률은 현재 15% 정도이다. 아직도 많은 환자들이 병원에서 항암치료를 비롯한 연명 치료를 받다가 죽어간다는 사실이다. 연명 치료를 선택한 가족들은 끝까지 최선을 다해서 환자를 살리려는 마음이 간절할 것이다. 하지만 생각과는 다르게 환자는 더 고통 받게 되고 인공호흡기에 의존한 채 의식을 잃게 된다. 결국, 환자는 가족들과 제대로 된 작별인사도 못 한 채 죽음을 맞이하게 된다. 이러한 과정을 거친 대부분의 가족들은 후회하는 마음을 갖게 된다. 편안하게 임종을 맞이하도록 돕고 삶을 마무리하는 과정을 통해 사랑의 마음을 전하고 작별인사를 건넬 수 있는 소중한 시간을 놓치게 된 것을 아쉬워한다.

엘리자베스 퀴블러 로스(Elisabeth Kübler Ross)가 이야기한 죽어가는 환자의 다섯 가지 단계(부정, 분노, 타협, 우울, 수용)는 환자뿐 아니라 가족들도 동일하게 겪는 과정이다. 함께 부정하고, 분노하고, 타협하고, 더 이상 삶에 대한 희망이 없음을 발견하며 우울감에 빠진다. 이러한 단계에 슬픔을 많이 표현하는 것은 환자가 세상을 떠난 이후 가족들이 겪을 애도의 과정에 도움이 된다. 또한, 수용의 단계에서 환자와 가족들 간에 해결되지 못한 일들을 이야기하며 감사와 사랑 혹은 후회와 실망에 대한 모든 마음을 표현해 화해를 이루는 것이 중요하다. 이로 인해 사별 후 겪게 될 후회나 죄책감에서 보다 자유로울 수 있을 것이다.

자녀의 죽음과 부모의 슬픔

　최근 자녀를 잃은 부모들이 상담을 요청하는 일이 종종 있었다. 뇌종양으로 초등학교 3학년 아들을 잃은 부부는 질문거리를 잔뜩 가지고 와서 내게 물었다. 크리스천인 이 부부는 하나님에 대한 원망과 더불어 왜 이러한 일이 일어나야 했는지 알 수 없다며 하나님의 뜻이 무엇인지 알고 싶다고 했다. 또 다른 부부는 뇌척수막염으로 갑작스럽게 5학년 아들을 잃었다. 아이 아빠는 자신에게 일어나고 있는 일에 대한 해답을 찾기 위해 같은 상실을 경험한 분들을 만나러 다니기도 했다고 한다. 기독교인이 아닌 그가 다른 사람들을 만나면서 발견한 것은 종교가 아이를 잃은 상실의 슬픔과 아품을 극복하는 데에 도움이 되었다는 사실이다.

자녀를 잃는다는 것은 상상할 수 없는 큰 슬픔과 고통이다. 도저히 이해할 수 없는 일이다. 연구결과에 의하면, 남편이나 아내, 부모를 잃었을 때보다 더 복잡하고 힘든 슬픔의 과정을 보낸다고 한다. 적어도 4년은 지나야 정상적인 삶의 자리로 돌아온다고 한다. 그러니, 그 기간 동안은 자기 정신으로 사는 게 아니다. 자식은 부모의 삶의 희망이며 자신의 전부이기에 자녀의 죽음은 삶의 의미와 꿈조차 산산 조각나게 만드는 일이다. 절망, 좌절, 분노, 죄책감, 두려움 등은 자녀를 잃은 부모들이 겪는 일반적인 감정들이다.

슬픔을 표현하는 방식에서 아빠와 엄마가 크게 다르다. 대개 아빠들보다는 엄마들이 더 적극적으로 다른 사람들의 도움을 받으려 하고, 애도와 상실에 관한 책을 읽거나, 일기 등의 글쓰기를 하고, 감정을 더 잘 표현한다. 이렇게 부부가 겪는 애도의 과정이 다르기 때문에 서로 이야기 나누면서 각자의 과정을 이해하고 인정해주는 것이 중요하다. 또한, 상실 초기 부모들은 자신이 겪는 슬픔과 고통 때문에 남아있는 자녀들에게 소홀하기 쉽다. 이러한 시간이 너무 오래가게 되면, 남아있는 자녀들은 형제자매를 잃은 자신들의 슬픔을 회복해야 할 뿐 아니라 부모의 슬픔까지 배려해야 하는 이중적인 고통을 겪게 된다.

　나의 학위논문은 자녀를 잃은 부모들이 슬픔을 겪는 과정에서 기독교 영성이 어떤 역할을 했는지에 관한 연구였다. 자녀를 잃은 아홉 명의 부모들을 인터뷰하면서 그들이 겪은 과정들을 분석해 어떤 영성적 요소들이 도움이 됐는지를 밝혔다. 신앙공동체의 적극적인 도움과 지속적인 관심은 아이를 잃은 부모의 상실 초기의 슬픔을 위로하는 데 가장 큰 도움이었다. 하나님에 대한 원망을 가지고 있지만, 계속해서 예배에 참석하고 하나님에 대한 신앙의 끈을 놓치지 않는 것 또한 애도의 과정을 잘 이겨나가는 데에 큰 힘이 되었다.
　두 살 된 아들을 잃은 한 엄마는 기도 중 '아들을 잃은 부모로서의 하나님'의 심정을 느낄 수 있었다고 한다. 그러면서 그녀는 하나님이 주시는 구원은 내 노력에 의해서가 아니라, 죽기까지 아파하면서도 우리에게 아들을 주신 하나님의 은혜와 사랑의 결과물이라는 것을 깨닫게 되었다며 이렇게 말했다.

"하나님이 나를 이만큼 사랑하시는구나. 우리 아들이 죽었을 때 저한테 그런 생각을 주셨어요. 그래서 하나님께 질문했어요. 예수님을 십자가에 못 박히게 하실 때 나만큼 아프셨냐고. 저처럼 이렇게 막 아프셨냐고. 그런 질문을 하면서 정말 내가 이렇게 아픈 만큼 하나님도 아픔을 통해 우리에게 구원을 주시려고 했다는 것을 깨달았어요. 하나님한테 그런 질문을 하면서 울었어요. 아들을 잃고 내가 이렇게 아팠는데, 하나님도 그렇게 아프셨나요? 그때 확실히 하나님의 사랑을 깨닫게 된 것 같아요."

그녀는 묵상 중에 얻은 깨달음을 통해 하나님의 '아버지로서의' 고통과 인간에게 주시는 은혜의 깊이를 알게 되었다. 인터뷰에 참여한 부모들은 자녀의 죽음과 자신의 삶의 의미를 찾기 위해 긴 여행을 나섰던 분들이다.

긴 여정에 나서기 전 처음부터 너무 힘들지 않도록 잘 채비하여야 한다. 짧은 시간에 끝나는 길이 아니기 때문이다. 앞서 언급한 아이 아빠가 주변 사람들에게 자주 들었던 말은 "빨리 잊으라"는 말이었다고 한다. 사람들이 잘 모르고 하는 말이다. 죽은 아이에 대한 기억은 빨리 잊힐 수 없을 뿐 아니라 영원히 잊을 수 없는 인생의 사건이다.

애도 상담이론 중 지속적 결속이론(continuing bonds

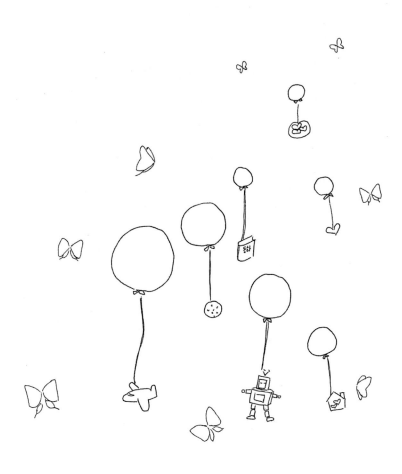

theory)이 있다. 이는 죽은 아이에 대한 기억과 추억을 애써 잊으려 하기보다는 더 간직하면서 삶에서 아이를 추모할 수 있는 지속적인 방법을 찾는 것이다. 다양한 방법이 있지만 한 가지 중요한 것은 바로 의미를 부여하는 것이다. 이때 중요한 것은 의미는 자신이 부여하는 것이다. 주변 사람들이 위로를 위해 '하나님의 뜻'과 관련된 말을 하는 것은 오히려 상처가 된다. '다른 자녀를 위해 힘내라'는 말도 마찬가지다. 당장은 다른 자녀를 생각할 틈이 없다. '더 좋은 곳에 있다' 고 위로하는 분들도 있다. 하지만 어디가 더 좋은 곳이겠는 가? 지금 나와 함께 있는 것이 더 좋지 않겠는가?

아이 둘을 같은 해에 잃은 부부가 있다. 백혈병과 소아암으로 3살과 13살 된 딸과 아들을 잃었다. 두 아이가 삼 개월 차이로 세상을 떠났다. 아이들이 병원에 입원해있을 때 목사님이 방문하여 기도하는데 "하나님께서는 감당할 만한 시험 외에는 주시지 않는다"고 말했다고 한다. 목사님이 왜 이렇게 말을 쉽게 하는지 부부는 실망을 금치 못했다고 한다. 또한, 아이들의 아빠가 들은 이야기는 "아이들이 아픈 것은 집사님이 더 신앙생활을 잘 하기 위함"이라는 기도였다고 한다. 두 아이를 같은 해에 삼 개월 차이로 보낸 부부에게 위로를 위해 시도한 신앙적인 이야기는 위로가 아닌 상처였다.

아이의 엄마는 개인적으로 말씀을 묵상하는 중에 하나님을 만나는 경험을 했다. 이것이 그녀에게는 회복의 시작이었다고 한다. 요한복음 3장 16절을 읽는데 "하나님이 세상을 이처럼 사랑하사 독생자를 주셨으니…." 여기서 멈춰 서게 되며 '독생자'라는 말을 되뇌는 가운데 깨달음이 왔다고 한다. 그전까지만 해도 하나님께 원망하기를 "왜 둘씩이나 데려가셨나요?" "하나님은 아들 하나를 잃으셨지만 저는 둘이나 잃었습니다. 하나님 제 마음을 아시나요?" 그때 하나님의 음성이 들리길 "나는 너를 위해서 다 주었다. 너는 아직 반이 남아있지 않으냐?" 그녀에게는 두 명의 아들이 더 있었다. 묵상 중에 하나님을 만난 그녀는 그 자리에서 회개하고 하나님을 위한 삶을 살기로 결심했다. 한국에서 딸아이를 입양해 키웠고 심리 상담 공부를 시작해 같은 아픔을 겪는 사람들을 위로하는 위로자의 삶을 살기로 결심했다.

이렇듯 논문을 위해서 인터뷰한 자녀를 잃은 아홉 명의 부모들은 기독교의 신앙 안에 거하면서 공동체의 지지, 지속적인 믿음, 말씀과 기도, 하나님과의 만남 등을 통해 자기 삶의 의미와 가치를 새롭게 부여한 사람들이다. 그러한 과정을 통해 슬픔이 변해 헌신과 봉사로 이어지는 삶을 살게 되었다. 기독교 영성은 자녀를 잃은 부모들에게 놀랄만한 치유와 변화를 안겨주었다. 초기 상실 이후에 겪게 되는 하나님에 대한 불신과 원망, 이해할 수 없는 하나님의 뜻은 결국 오랜 시간 의미를 찾아가는 여정 가운데 해결된다. 그러니 돕기를 원하는 사람들은 말로서가 아니라 묵묵히 이야기를 들어줄 수 있는 동반자가 되어야 할 것이다.

중노년의 우울증과 자살

살다보면 누구나 크고 작은 문제에 휩싸이게 된다. 어떤
것은 좀 더 작고 일시적일 수 있으며, 어떤 것은 크고 보다
심각할 수 있다. 그러한 문제들은 일상생활에 영향을 주는
위기 상황으로 연출되기도 하며, 어떤 경우에는 별 탈 없이
잘 해결되기도 한다. 이렇게 삶이란 문제의 연속이라고 볼
수 있다. 위기란 그동안 적절히 잘 대처해왔던 자신의 대처
기제가 더 이상 통하지 않는 압도되는 상황에 직면한 순간
을 말한다. 도저히 해결할 수도 빠져나갈 수도 없을 것 같은
벽을 만난 것이다.

한국 사회의 중년은 이러한 위기를 가장 많이 경험하는 시

기이다. 성인 초기에는 배우자 선택과 결혼, 직업선택, 직장 적응, 주거문제를 해결해야 하는 시기이다. 중년은 성인 중기로, 대략 40대 중반에서 60대 초반까지를 말한다. 직업 활동을 통해 사회의 생산성을 높이고 가족의 생계유지를 위해 경제활동을 하고, 상황에 따라서는 나이든 부모를 모셔야 할 나이다. 이러한 중년기의 과업은 살아온 삶을 재평가하면서 자신이 꿈꿔왔던 삶과 현실과의 거리를 측정해보는 것이며, 부부간에는 서로를 독립된 인격으로 재인식하는 것이며, 자녀와의 관계 수정도 필요하다.

중년기 위기는 우울증을 동반하는 경우가 많다. 남성의 경우, 신체의 변화와 젊음의 상실로 인해 우울하고, 가족과 사회에 대한 불평이 늘어나며, 실존적인 불안도 경험한다. 또한, 변화에 대한 욕구와 현실 직면 사이에서 어려움을 겪게 된다. 특별히, 오직 위만 보고 달려온 직장생활은 승진을 위한 치열한 경쟁에 휩싸이며, 퇴직에 대한 불안감과 퇴직 후에 감당해야 할 상실감은 더욱 우울하게 만든다. 그러는 동안 자녀들은 출가하고, 돌아온 가정에서는 배우자와의 갈등을 경험하기도 한다. 이제 자녀들을 돌보지 않아도 되는 자유를 느낄 나이지만, 나이가 많은 부모를 돌봐야 하는 의무가 나타날 수도 있다.

여성들도 마찬가지로 다양한 이유로 우울증을 경험한다. 하지만 우리나라의 높은 자살률에는 중년남성들의 절망이 큰 자리를 차지하고 있다. 자살자 수 통계를 보면 50대 남성의 자살이 가장 많다. 50대 여성 자살률의 3배가 넘는다. 중년남성은 속박감과 패배감을 원인으로 정서적 위기가 고조되면서 스스로 목숨을 끊는 '처벌형(자기 응징)' 혹은 '탈출형(현실도피)' 자살로 이어지는 경우가 많다. 이는 인생 목표가 좌절된 것에 대한 자책감, 인정받지 못한 것에 대한 패배감, 사회적으로 창피를 당하는 일로 인한 수치심, 직장에서 역할이나 지위 상실로 인한 굴욕감 등이 직접적인 원인이라 할 수 있다.

중년기에 우울증을 예방하고 자살을 방지하기 위해서는 다음과 같은 실천이 필요하다. 첫째, 자기 이해를 새롭게 해야 한다. 자기 삶의 의미와 가치를 분명히 자각해야 하며, 자신에게 보다 투명해져야 한다. 돌이킬 수 없는 사실들을 수용하고 미래를 재구성해야 한다. 둘째, 상실감을 다뤄야 한다. 잃어버린 것에 대해 미련을 갖지 말고 떠나보내야 한다. 이를 위해 애도의 과정이 필요하다. 후회, 절망, 수치, 불안, 죄책, 고독 등 다양한 감정들을 탐색하고 표현할 수 있어야 한다. 셋째, 새로운 만남이 필요하다. 가족과 친구와의 만남을 재구성하면서 사랑과 인정의 욕구를 충족할 수 있다. 또한, 음악이나 미술 등 예술과의 만남, 여행이나 등산 등 자연과의 만남 혹은 적절한 운동을 통해 삶의 활력을 찾는 것도 좋다. 믿음, 사랑, 신뢰, 기도, 찬양이 살아 움직이는 신앙공동체와의 만남도 중요하다.

이렇게 중년기가 지나면서 금세 노년기가 찾아온다. 한때 우리나라의 노년기 자살률이 급증할 때도 있었지만, 최근 70세 이상의 노인 자살률은 2013년 이후 지속적으로 감소하고 있는 추세이다. 이는 자살 예방을 위한 정부와 민간의 노력이 크다고 볼 수 있다. 그럼에도 아직 노년기 자살은 큰 사회적 문제로 남아있다. 노년기 자살의 주요 원인은 경제적 빈곤과 건강 문제가 크다. 고령사회에 접어든 우리는 이제 급속도로 초고령 사회로 달려가고 있다. 백세시대를 예고하고 있지만 그나마 경제적 여유와 신체적인 건강을 유지하지 못한다면, 장수시대는 행복이 아닌 불행의 서막이 될 것이다.

노노개호(老老介護)라는 말이 있다. 이는 65세 이상의 고령자가 65세 이상의 배우자나 부모 등 가족을 돌보는 경우로 정의한다. 초고령 사회인 일본의 경우 75세 이상의 노노개호는 이미 30%를 넘어섰다. 2005년 11월 일본에서는 충격적인 사건이 있었다. 후쿠이현에 있는 한 화장장 소각로에서 두 명의 유해가 발견되었는데, 이 화장장은 30년 넘게 사용하지 않았던 곳이다. DNA 감식 결과 두 구의 시신은 80세 남성과 82세의 여성이었다. 노부부가 스스로 죽음을 선택한 것이다. 아내는 당뇨병에 거동이 불편한 상태였고 치매 증상까지 나타나기 시작했다. 남편은 아내의 간병과 살림을 도맡았었다고 한다. 사이가 좋았던 부부였지만, 오랜 병수발에 지친 남편은 아내와 함께 목숨을 끊는 극단적인 방법을 선택한 것이다.

한국에서도 이와 유사한 사건들이 종종 일어나고 있다. 이른바 동반 자살인데 엄밀히 말하면, '살인 후 자살'이다. 이는 대부분 치매 혹은 장기 질환으로 인해 오랫동안 돌봄을 담당하던 배우자나 자녀들에 의해서 이루어지고 있다. 노인들의 돌봄을 개인에게 전적으로 맡기기에는 경제적, 심리적 부담감이 크다.

사회문화가 변하고 있다. 이전처럼 자녀들이 부모들을 모시고 사는 시대도 아니다. 게다가, 노인들을 책임져야 할 세대의 인구수는 줄어들고 있다. 2018년 사망자 수는 30만 명에 이른다. 같은 해 출생자 수는 32만 명이다. 몇 년 안으로 돌잔치 하는 숫자보다 장례식을 치르는 수가 더 늘어날 것이다. 그러니 노후 돌봄을 위한 사회적인 제도 마련이 시급

하다.

그나마 우리나라는 2008년부터 노인장기요양보험제도를 도입해 고령과 노인성 질병으로 인해 혼자서 수행하기 어려운 노인들에게 신체활동이나 가사활동 지원 등의 장기요양급여를 제공하고 있다. 이를 통해 노후의 건강증진과 생활안정을 도모하고 가족들의 부담을 덜어주는 역할을 하고 있다.

하지만, 현실적으로 노인 돌봄을 위한 요양보호사의 하루 방문 시간이 너무 적다. 그기에 정부의 노인 일자리 정책을 전환하여 돌봄이 필요한 노인들에게 찾아가 불편한 상황도 돌봐주고, 반찬도 해주고, 말벗도 해주는 방향으로 바꿀수 있다면 좋겠다. 길에서 간단한 노동을 하면서 일할 수 있는 노인이라면 가정에서 돌봄도 충분히 가능할 것이다. 전문가들은 노인장기요양보험제도 이후 노인들의 자살률이 크게 줄어들고 있다고 말한다. 이렇듯 사회적 차원의 지원과 돌봄이 자살 예방에 큰 도움이 되고 있다. 그렇지만, 노후 돌봄을 위한 사회적 시스템 구축은 여전히 과제로 남아 있다.

일본은 고독사 제로 프로젝트를 통해 65세 이상 홀로 사는 노인들이 안심하고 생활할 수 있는 커뮤니티를 조성하고 있으며, 지역포괄케어를 통해 왕진 및 방문간호 의료서비스와 생활 지원을 해주고 있다. 미국에는 '은퇴자 공동체'가 있

다. 미국은퇴자협회(ARRP)는 은퇴자들을 대상으로 '은퇴 후 어디서 살고 싶은지'에 관한 조사를 시행한 바 있다. 그 결과, '노령인구의 약 86%가 자신이 살던 곳에서 노년을 보내고 싶다'고 답했다. 그러기에 '은퇴자 공동체'는 자신이 살던 곳에서 계속 거주하고 싶은 노년층의 요구와 필요에 따라 형성되었고, 복지, 의료, 생활 서비스를 통해 돌봄이 가능한 새로운 패러다임의 주거형태로 정착되었다.

그밖에도 여러 선진국에서는 이미 노인들의 삶의 질 향상을 위한 다양한 노력을 기울이고 있다. 이는 단순히 노인 자살이나 고독사를 예방하자는 차원이 아니라, 인간의 기본 권리인 행복추구권 확대와 복지공동체 회복이라는 두 가지 신념에 기초한 것이다. 또한, 생애 말에 삶의 질(웰빙)과 죽음의 질(웰다잉)을 높이려는 시민단체들과 지역주민들의 적극적인 참여가 있기에 가능한 일이었다. 물론 정부의 정책적 지원이 필요하지만, 종교 및 민간단체들의 대안적인 시도들이 정부의 정책을 움직이는 힘이 될 것이다.

3장 슬픔에 써레질하기

예수의 눈물

사람들은 삶의 주기에 걸쳐서 여러 가지 상실을 경험한다. 모든 상실은 무언가 소중히 여기는 것과의 분리를 일으킨다. 아이들은 자신이 기르던 반려동물의 죽음으로부터 첫 상실감을 경험할 수도 있고, 죽음으로 인해 조부모 혹은 부모와의 소중한 애착 관계를 상실할 수도 있다. 어른들은 직업의 변화, 은퇴, 삶의 터전 이동, 역할, 신체 기능 등의 상실을 경험한다. 모든 상실의 경험들이 다 슬픈 일이지만, 죽음으로 인해서 사랑하는 사람을 먼저 떠나보내는 것은 모든 상실 가운데 가장 슬픈 일이다.

사랑하는 사람의 죽음 이후 사별자들이 겪는 과정은 크게 두 가지로 나눈다. 비탄(Grief)과 애도(Mourning)의 과정이다. 비탄은 상실 직후부터 2~3주에 걸쳐 나타나는 반응이다. 갑작스러운 상실에 무감각과 혼란을 경험하는 시기이다. 애도는 비탄의 과정이 끝나면서 시작된다. 하지만, 애도는 누구에게나 자연적으로 일어나는 것이 아니라 의도적으로 들어서는 과정이다. 진정한 애도의 기간을 보내지 않고 시간만 지난다고 슬픔이 해결되는 것이 아니다. 애도한다는 것은 슬픔을 비롯한 외로움, 절망, 좌절, 죄책감, 수치심 등 상실로 인해 겪는 다양한 감정들을 표현하는 과정이다. 감정뿐 아니라 인지, 신체, 행동적 반응이 동반되기도 한다. 이는 누구나 겪는 지극히 정상적인 반응이며, 이러한 애도의 과정을 겪으면서 점차 안정을 되찾게 된다.

반면, 복잡한 애도(complicated grief)의 과정을 겪는 사람들도 있다. 이는 일반적인 반응과 다르게, 슬픔이 지연되거나(delayed grief), 지나치게 오랜 기간 슬픔을 경험한다거나(chronic grief), 부적절한 행동이나 신체적 이상으로 위장되거나(masked grief), 또는 우울증과 같은 형태로 과장되어(exaggerated grief) 나타나는 슬픔의 반응을 말한다. 이러한 반응들로 인해 정상적인 삶을 유지하기 힘든 상태가 지속된다면 이를 복잡한 슬픔/애도 반응이라고 진단할 수 있고, 전문적인 상담가의 개입이 필요하다.

또한, 트라우마를 남기는 죽음도 있다. 사고나 재해 등으로 인해서 갑작스럽게 죽음을 당하는 경우에는 외상성 슬픔(traumatic grief)을 겪게 한다. 특별히 이를 막을 수 있었다고 생각하거나, 죽음의 장면을 목격한 경우에는 트라우마가 더욱 커진다. 이뿐 아니라, 자살한 사람의 가족들의 경우 불명예나 수치심 때문에 드러내 놓고 슬픔을 표현하지 못하는 경우가 많다. 이는 사회적 시선으로 인해 겪는 이중적 고통이다. 특별히 한국적 정서에서는 슬픔을 표현하기보다는 참는 것이 덕이라고 생각하고, 주변 사람들도 슬픔을 표현할 여건을 마련해주지 않는다.

이는 목회 현장에서도 그대로 나타난다. 목회자들은 위로를 위한 나름의 방법으로 성경 구절을 인용하게 되는데, 적당한 시기에 적절한 말씀이 아닌 경우에는 위로가 되기보다는 상처가 된다. 이는 그들의 잘못이 아니라, 그동안 한국에서는 애도 상담이라는 전문 분야가 발전되지 못했기 때문이다. 슬픔을 겪는 사람들을 어떻게 위로하고 치유해야 할지 잘 알지 못했기 때문이다. 하지만, 성경에 나타난 예수님의 모습은 참된 애도가 무엇인지, 참된 위로가 어떤 것인지 잘 보여주고 있다.

첫째로, 예수님은 산상수훈에서 팔복을 말한다. 그중 "애통하는 자는 복이 있나니 그들이 위로를 받을 것임이요"(마태복음 5:4)라고 했다. 여기서 '애통'은 영어 단어 'Mourn'을 사용한다. 즉 애도한다는 말이다. 애도는 상실이나 사랑하는 사람의 죽음으로 인해 겪는 아픔의 표현으로 슬피 우는 것을 말한다. 이렇게 자신의 슬픔과 고통을 표현할 때 위로함을 받을 것이라고 예수님은 말한다. 물론, 여기에는 다양한 해석을 있을 수 있지만, 강조하고 싶은 것은 '상실에 대한 슬픔의 표현'이다.

안타까운 것은, 바쁜 현대사회 속에서 사별자들의 슬픔 표현을 도울 기회가 많지 않다는 것이다. 요즘 장례식장에 가보면 우는 사람이 거의 없다. 현대 장례문화는 접객 위주로, 슬픔의 표현과 위로의 시간이기보다는 손님 접대식 문화로 탈바꿈되었다. 물론, 조문하는 자체가 큰 위로가 된다는 사실을 부인하는 것은 아니다. 하지만, 마치 슬픔은 없는 것처럼 대화와 웃음이 오가는 장례식장에서 사별자들을 위로할 기회를 찾기가 쉽지 않다.

두 번째로 예수님은 나사로가 죽었을 때 애도하는 모습을 보여준다. 요한복음 11장 33~35절에 보면, 나사로의 죽음 후 뒤늦게 도착한 예수님은 "마리아가 우는 것과 함께 온 유대인들이 우는 것을 보시고 심령에 비통히 여기시고 불쌍히" 여겼다고 말한다. 마리아가 오라비 나사로가 있는 곳을 알려주니, 예수께서 눈물을 흘리셨다. 이 구절은 성경 66권을 통틀어 가장 짧은 절이다. "예수께서 눈물을 흘리시더라 (Jesus wept.)" 예수님의 눈물은 나사로와의 이전 친밀한 관계에서 비롯된 슬픔의 표현일 수도 있겠지만, 성경의 문맥으로 봐서는 33절에 마리아가 우는 것을 보고 마음에 안타까움과 긍휼함으로 흘린 눈물이라고도 볼 수 있다. 즉, 예수님은 오라비를 잃고 실의와 슬픔에 빠진 마리아의 마음에 공감하고 있었다는 말이다.

예수님은 눈물 흘리는 것을 통해 자신의 슬픔을 표현하였고, 다른 사람들의 아픔을 함께 느끼려 했다. 우는 사람들에게 "울지 말라" "염려하지 말라"고 위로하지 않았다. "하늘나라의 평안"이나 "하나님의 뜻"에 대해 말하지 않았다. 예수님의 눈물은 진실한 애도의 눈물이자 우는 자들과 동반하는 위로의 눈물이었다.

이렇듯 위로를 위한 좋은 방법은 서두르지 않고, 강요하지 않고, 해결해주려는 마음에서 벗어나, 있는 모습 그대로를 존중해주는 것이다. 곁에서 함께 머물며, 이야기를 들어주고, 공감하는 동반자가 되어야 한다. 알렌 울펠트(Alan Wolflet)는 애도하는 사람과 동반하기 위한 방법의 하나로 "증인이 되는 것"을 제시한다. 누군가 겪는 슬픔의 현장에 함께 있으면서 "공감적 증인"이 되라고 한다. 이는 사별자의 현재 모습 그대로를 받아들이고, 그 마음을 있는 그대로 이해하고 경청하는 태도이다.

최근 애도 상담 교육을 할 때 있었던 일이다. 어머니를 상실한 지 2년쯤 된 한 참가자가 이런 말을 하였다. "아직도 아주 슬프고 힘들어요. 어머니가 돌아가시기 전에는 매일 어머니에게 전화하고 이야기 나누면서 '엄마 사랑해'라고 말했는데, 이제는 어디 전화할 때가 없어서 더 힘들어요. 언젠가 그 번호로 전화를 하니 다른 사람이 받더라고요. 그러고 나니 더 마음이 슬퍼요. 아직도 밤이면 슬픈 마음에 눈물을 흘려요. 근데, 사람들이 제가 너무 유별나게 그러는 것 아니냐고. 2년이나 지났는데 이만하면 됐다고 말해요." 그녀는 이렇게 말하면서 자신이 겪고 있는 과정을 자세히 말해주었다.

나는 그녀의 이야기를 경청하고 마음을 이해해주면서 계속해서 이야기하도록 도왔다. 그러다가 이런 말을 해주었다. "제가 보기에는 애도의 과정을 잘 보내시고 계시는 것 같은데요." 그녀는 갑자기 눈시울이 뜨거워지며 울먹이는 목소리로 내게 말했다. "너무 감사해요. 제게 그런 말을 해 준 사람은 지금까지 아무도 없었어요. 모두가 제가 이상하다고 말했지요. ….."

상실은 우리의 감정, 인지, 신체, 행동에 영향을 준다. 슬픔이라는 것은 단지 슬픈 마음만을 이야기하는 것이 아니라 다양한 감정을 포함하는 것이며, 신체와 행동에까지 영향을 주는 이유는 상실로 인해 우리의 몸 전체가 슬퍼하기 때문이다. 학자들은 애도의 기간이 평균적으로 1년이라고 말하지만, 이는 개인에 따라 다르다. 누구나 1년이 지났다고 해서 애도의 과정이 끝나는 것도 아니고, 2년이 지나서 슬픔이 지속된다 해도 비정상적인 것이 아니다.

죽음이 가르쳐주는 진리 가운데 하나는 모든 사람은 반드시 죽는다는 사실이다. 이는 우리 모두는 언젠가 사랑하는 사람을 먼저 떠나보낼 수밖에 없다는 진실을 역으로 가르쳐준다. 그기에 사랑하는 사람을 잃었을 때 겪게 되는 비탄과 애도의 과정에 대해서 배우는 것은 우리 모두에게 반드시 필요한 일이다. 또한, 슬픔은 표현될 때 치유가 된다는 사실을 알아야 한다.

애도의 과업

윌리엄 워든(William Worden)은 애도의 과업(task theory)을 주창한 미국 내 애도 상담계에서는 유명한 학자이다. 그의 이론은 단계(stage)이론이나 국면(phase)이론과는 구별되며, 상실을 잘 이겨내고, 고인 없는 삶에 적응하며 살기 위해 사별자는 반드시 네 가지 과업을 완수해야 한다고 주장한다. 이는 단계적으로 거쳐야 할 과제는 아니지만, 적어도 첫 번째 과업은 가장 우선적인 과업임에 틀림없다.

첫 번째 과업은 상실의 현실을 받아들이는 것이다. 즉, '그는 죽었고, 다시는 돌아오지 못한다'는 사실을 완전히 직면하는 것이다. 상실의 현실을 수용하지 못하는 것의 반대는

'부인'하는 것이다. 믿지 않는 것을 말한다. 이는 일반적인 반응이며, 상실의 큰 충격을 완화시켜주는 역할을 하기도 한다. 하지만, 과도하거나 오랜 시간 지속된다면 문제가 된다. 또 다른 현실수용의 반대는 상실의 의미를 부정하거나 과소평가하는 것이다.

한 해 전쯤 가까운 친구의 아버지가 돌아가셨다. 친구의 마음이 어떤지 물어보니, "아무렇지도 않다"고 말한다. 그에게는 아버지에 대한 좋은 기억이 없다. 그의 아버지는 젊은 시절 외도와 도박으로 가정을 버리다시피 했고, 나이가 들어 어머니가 사는 집에 들어와 살고 있었다. 오래전 일이지만 그런 아버지의 암투병과 죽음은 친구에게 있어서 자신과는 상관없는 일이라 느꼈던 것이다. 이는 죽음을 과소평가하는 것이다. 죽음에 대한 부인이나 과소평가는 두 번째 과업인 감정을 표현하는 단계로 이어지는 것을 가로막게 된다.

두 번째 과업은 사별 슬픔의 고통을 겪으며 애도 작업하기이다. 상실에 대해 모든 사람이 동일한 고통이나 방법으로 애도하는 것은 아니다. 깊은 애착 관계에 있었던 사람을 잃었을 때 느끼는 고통의 깊이는 다를 수도 있다. 사별로 인해 발생하는 여러 가지 감정을 동반한 고통을 직면하는 것은 애도의 과정을 잘 겪어나갈 수 있도록 돕는다. 감정을 회피하는 일은 오히려 애도의 과정을 지연시킬 수 있다. 이러한 사별 슬픔의 고통을 표현하는 것을 방해하는 것은 사회적인 시선이다. 흔히 울면 "울지 말라"하고 "산 사람은 살아야지"라고 말하면서 슬픔을 억제시키는 것이 우리의 문화이다. 사별로 인한 다양한 감정들, 특별히 분노, 죄책감, 수치심과 같은 감정들은 억눌리거나 표현되기 힘들기 때문에 이를 돕는 전문적인 상담이 필요하다.

세 번째 과업은 고인을 잃은 새로운 환경에 적응하는 것이다. 적응에는 외적, 내적, 영적 적응이 있다. 외적 적응은 역할에 대한 적응이다. 배우자 상실의 경우, 남성과 여성이 평소 해오던 다른 역할들에 적응하는 일은 상실 초기에 힘든 과정이다. 내적 적응은 정체성에 대한 적응이라고 말할 수 있다. 일부 연구에서는 자신의 정체성을 타인들과의 관계성이나 타인들에 대한 돌봄을 통해서 정립하는 여성들에게 사별은 중요한 대상을 잃어버리는 것뿐만 아니라, 자신을 상실하는 느낌을 받게 되는 것이라고 말한다. 영적 적응은 사랑하는 사람의 죽음으로 인해서 도전받게 되는 세계관, 삶의 가치와 의미, 신과의 관계성에 대한 문제를 말한다.

네 번째 과업은 고인을 감정적으로 재배치하여 더불어 삶을 살아나가는 일이다. 이는, 정서적인 삶을 살아나가는 데 고인을 위한 마땅한 공간을 배정하는 일이다. 예를 들어, 아이를 잃은 부모들을 위한 과업을 생각한다면, 부모들로 하여금 아이들과 연결되는 생각과 기억들이 지속되는 관계를 유지시켜야 한다. 이를 위해 효과적인 내적 혹은 외적인 공간을 발견할 수 있게 된다면, 다시금 자신의 인생을 위한 투자와 설계를 할 수 있다.

감정적 재배치에 효과적인 것은 의례이다. 콜(Allan Huge Cole)은 워든의 이론을 수용해 자신만의 새로운 이론을 전개하면서, 좋은 애도를 위한 다섯 가지 관점을 제시한다 : 상실 받아들이기, 상실 감내하기, 상실에 적응하기, 상실 재배치하기, 상실과 함께 머물기(필요하다면). 즉, 콜은 워든이 제시한 마지막 과업의 감정적 재배치를, 감정적 재배치와 공간적 재배치라는 두 개의 과업으로 나눈다. 콜에게 있어서, 상실을 재배치하는 것은 마음속 어느 한편에 고인을 기억하는 공간을 두는 것이다. 하지만, 그러한 고인에 대한 생각이 결코 삶에 있어서 사별자의 감정을 압도하지 않도록 두면서, 언제라도 고인의 추억을 꺼내어 의미 있는 만남을 할 수 있는 공간을 만드는 것이다.

콜이 제시하는 다섯 번째는, 상실과 함께 머물기(sojourning)이다. '머물기'는 어딘가를 방문하고 시간을 보내는 것을 의

미하며, 휴식과 회복을 내포하는 말이다. 이러한 이유 때문에, 상실한 대상과 함께 '머물기'는 좋은 애도를 돕는다. 이를 통해, 상실한 대상과 나누었던 추억들을 불러일으키며, 이러한 추억을 떠올리는 다양한 작업을 통해 감정적, 공간적 재배치를 효과적으로 할 수 있다.

콜이 제시하는 방법 중에는 사랑했던 사람이 의미 있게 생각했던 장소를 방문하는 것과 의미 있는 활동에 동참하는 것 등이 있다. 로버트(Robert)는 갑작스런 죽음으로 동생 조(Joe)를 잃었다. 그는 동생을 잃은 후 매년 조가 가장 좋아하는 미식축구팀의 경기를 관람하면서 그를 추억한다. 루페(Lupe)는 고인이 된 남편과 나누었던 삶을 회상하면서 매일 아침 10~15분 정도의 시간을 보낸다. 자살로 청소년기 딸을 잃은 라티샤(Latisha)는 자살 예방 운동과 자살 유가족 돌봄을 위한 활동에 빠져 있다. 그녀는 이러한 활동을 통해 평안을 발견했으며, 딸과 긴밀한 관계를 유지할 수 있다고 말한다.

때로 어떤 사람들은 홀로 시간을 보내는 것을 통해서 상실한 대상과 머물기 원할 수도 있다. 걷기, 조용한 장소에 앉아 있기, 시골길 운전하기, 무덤을 방문하거나 함께 공유했던 물건이나 사진들을 보는 것을 통해 머물기를 할 수 있다.

다양한 신앙 의례들 (기도, 성경 읽기, 예배, 성찬) 또한 우리의 상실과 머물기 위한 좋은 예이다. 이밖에 상실과 함께 머물기 위한 다른 방법들도 있을 것이다. 자신만의 고유한 방법을 발견하는 것은 좋은 애도에 도움이 된다.

중요한 것은 사별 애도의 과정은 개인마다 다르다는 것을 인식하는 것이다. 다른 사람과 비교한다든지 자신이 이전에 겪은 다른 상실과 비교하지 않고, 현재 자신이 느끼는 감정을 있는 그대로 수용하면서 자신만의 애도의 과정을 겪어 나아가는 것이다. 매일 무덤이나 납골당에 찾아가 고인을 기리는 것도 자연스러운 일이다. 주변 사람들이 "언제까지 그러고 살 거냐? 산 사람은 살아야지"라고 말하더라도 자신의 방식대로 애도하는 것이 중요하다. 가까운 박물관, 카페, 음식점, 공원 등 조용히 고인을 추억할 만한 공간에서 머무는 과정은 분명 좋은 애도를 촉진할 것이다.

슬픔에 써레질하기

무엇이 '좋은 애도'인가? 어떤 방법이 '좋은 애도'를 촉진하는가? 사별뿐 아니라 인생에 있어서 위기가 될 만한 중대한 상실을 경험해 슬픔과 고통 가운데 있는 사람들에게 필요한 질문이다. 상실의 경험은 삶에 지속되고 있던 안전감과 안정감을 위협하고 삶의 의미와 즐거움, 자아 정체감을 흔들기 때문에 더욱 고통스러운 일이다. 이때 필요한 것이 '좋은 애도'이다. 한국적 정서는 슬픔을 표현하기보다는 억누르게 한다. 이는 건강한 방법이 아니며, 애도의 과정을 더 길게 만들 수 있다. 알렌 휴 콜(Allan Huge Cole)은 『굿모닝 : 알렌 박사가 말하는 슬픔 치유』에서 애도의 과정을 잘 이겨내기 위한 다양한 전략을 제시한다. 그중 몇 가지를 요약해 소개해본다.

첫째, 상실 초기에 겪었던 고통스러운 일들을 재연하라. 이러한 권면이 이상하게 들릴지라도 당시의 자세한 일들을 되짚는 것은 큰 가치가 있다. 재연하는 것은 상실로 인해 무감각해진 상태에서 깨워주는 역할을 한다. 영어로 재연은 'rehearse'라는 단어를 쓰는데 라틴어 어원에서 'hearse'가 의미하는 것은 '써레'이다. 써레는 오랫동안 갈아 놓았던 흙을 다시 뒤엎고 가르는 데에 유용하다. 이는 다음번 재배를 위한 준비 작업으로 토양을 깨워주면서 영양분을 활성화시키는 것이다. 마찬가지로 자신이 겪었던 상실에 대해 어떻게 이해하고 있는지 당시 상황을 재연하는 것은 좋은 애도를 돕는다.

둘째, 재연은 스스로에게 할 수도 있지만 신뢰할 만한 친구나 가족과의 대화를 통해서 할 수 있고, 목회자 혹은 상담 전문가의 도움을 받을 수도 있다. 즉, 재연한다는 것은 다른 의미로 자신의 경험과 감정을 표현하는 것이다. 상실로 인한 슬픔은 다양한 감정을 품게 된다. 이러한 감정들은 다른 사람들 앞에서 솔직히 표현될 때 치유될 수 있다. 표현되지 못하고 억압된 감정들은 더 강화되고 파괴적으로 변하는 경향이 있다. 다른 사람들과 슬픔을 나눌 때 아픔은 경감된다. 훈련된 전문가와의 상담은 드러나지 못한 감정들을 표현하고 좋은 애도를 촉진한다.

셋째, 상실을 상기시키는 환경에 노출시켜라. 상실을 떠올리게 하는 물건이나 상황과 마주하는 것은 처음에는 힘들다고 생각할지 모르지만, 사랑했던 사람의 무덤을 방문하거나 사진을 보고, 함께 즐기던 장소를 찾는 것은 좋은 애도의 방법이다. 또한, 편안함을 줄 수 있는 장소에서 시간을 보내는 것도 좋다. 예를 들어, 산, 바다, 호수 등과 같은 자연환경과 공원, 서점, 카페, 미술관 등 가까운 곳을 찾아 쉼을 얻으면서 사랑했던 사람을 추억하는 것이다. 더불어 자신의 몸과 마음을 회복하고 기운을 얻을 수 있는 활동도 도움이 된다. 음악을 듣고, 책을 읽고, 샤워나 목욕을 하고, 좋아하는 음식을 먹는 데 시간을 보내고, 가벼운 운동을 꾸준히 하는 것을 통해 신체와 정신을 맑게 하는 것은 애도를 위한 유익한 활동이다.

넷째, 모든 감정은 자연스럽고 받아들일 만한 것이라는 것을 기억하라. 사별 이후 사람들은 다양한 감정들을 겪곤 한다. 어떤 사람들은 자신이 느끼는 감정들로 인해 죄책감, 미안함, 수치심을 느끼기도 한다. 하지만 감정이라는 것은 그 자체로 좋은 것도 아니고 나쁜 것도 아니다. 중요한 것은 감정을 어떻게 다루느냐이다. 자신이 느끼는 다양한 감정들을 건강하고 긍정적인 방법으로 해결할 수도 있고 부정적이고 파괴적인 방법으로 다룰 수도 있다. 어떤 감정을 느끼더라도 괜찮은 것이고, 자연스러운 현상이라는 것을 알아야 한다. 더불어 눈물을 억지로 참으려 하지 말고 느끼는 감정에 따라 흐르도록 하는 것이 좋다. 눈물은 연약함이나 미성숙함 혹은 자기 통제력의 부족이 아니라 자연스러운 감정의 표현이며 애도의 과정을 잘 이겨내는 데에 있어 효과적이다.

콜 박사는 애도를 위한 다양한 전략을 제시하면서 그의 책 후반부에 기독교 영성, 즉 기도와 말씀, 예배와 공동체의 중요성에 대해 강조하고 있다. 슬픔을 겪는 사람들에게 있어 하나님과의 만남과 이를 위한 영적 훈련은 사랑하는 사람의 죽음과 자기 삶의 의미를 되새기며 건강한 일상을 유지하도록 돕는다. 신앙공동체의 성숙한 돌봄은 연약해진 육체와 영적인 활동에 힘을 북돋아 준다. 교회의 지도자들은 이를 위해 지속적인 돌봄과 안내를 해주어야 한다.

최근 번역된 책『애도 수업』(샘솟는기쁨, 2018)에서 캐시 피터슨(Cathy Peterson)은 바른 돌봄과 위로에 대한 값진 메시지를 전하고 있다. 그녀의 남편이 말기 암 진단을 받았다는 사실이 주변에 알려지면서 사람들이 보이는 첫 반응은 회피였다고 한다. 마주하게 되면 어떤 말을 해야 할지 모르기 때문이다. 우리도 마찬가지다. 그냥 물어보자. "어떻게 지내세요?" "좀 어떠세요?" "기도하고 있습니다" 등의 말은 그들의 상황이나 마음을 들을 수 있는 좋은 기회를 마련해준다. 물론 이러한 질문을 하게 될 때는 충분히 들을 수 있는 시간이 있어야 한다. 공감적인 경청을 할 수 없다면 아예 묻지 않는 것이 나을 수도 있다.

또한 피터슨은 남편이 죽고 난 후 사람들이 건네는 다양한 위로의 말이 상처가 되는 경우도 많았다고 한다. 대부분의 사람들은 말기 환자와 가족들, 사별 애도 과정에 있는 유가족들에게 어떤 말을 해야 할지 몰라 어색해하거나 불편해한다. 그러기에 첫째, 위와 같은 방법으로 물어보자. 둘째, 경청하자. 어떤 좋은 말도 해줄 수 없다면 아무 말도 안 하는 것이 좋은 방법일 수 있다. 이야기를 들어 줄 수 있는 당신의 존재 자체가 큰 위로일 수 있다.

한 가지 더 주의해야 할 것은 눈물을 흘리는 사람들에게 무의식적으로 보내는 '눈물을 멈추라'는 메시지이다. 많은 경우 우리는 울고 있는 사람의 등을 토닥여주면서 "울지마. 울지마"라는 말을 한다. 눈물을 보이면 곧바로 티슈를 찾아 건네준다. 이것도 '울지 말라'는 숨겨진 메시지다. 우리의 불편한 마음에서 나온 무의식적 행동이다. 그냥 눈물이 흐르도록 내버려 두고 기다려 보자. 눈물로 표현할 감정들을 다 쏟아내는 동안 그 마음에 공감하고 듣는 것이 좋은 위로의 방법이라 믿는다.

위로를 위한 상담의 기본원리

미국 병원과 호스피스에서 채플린으로 활동한 경험으로 볼 때 위기의 순간에 함께 있어 준다는 것은 참으로 중요한 일이다. 자신의 이야기를 들어주고, 지지해주고, 기도해줄 수 있는 사람이 주변에 가까이 있다는 것은 환자와 가족들에게 큰 힘이 된다. 호스피스에서는 더욱 그러하다. 죽어가는 환자들과 대화하고, 성경을 읽어주며, 기도해줄 수 있는 영적 동반자가 있다는 사실은 환자들의 마지막 여정을 더욱 편안하게 해준다. 또한, 환자의 가족들은 예상되는 죽음(anticipatory death) 앞에서, 미리 사별 애도(anticipatory grief)를 경험하게 된다. 너무 길어진 병수발로 몸과 마음이 지친 가족들의 고충을 들어주고 마음을 어루만져주는 것도 중요하다. 이렇듯 죽음과 슬픔의 현장에 함께 있어 주는 것은 가장 큰 위로의 방법이다.

애도 상담의 권위자인 알렌 올펠트(Allan D. Wolfelt)는 상담을 치료(treatment) 과정이 아닌, 동반(companion)으로 이해한다. 치료는 진단을 기반으로 한 문제 해결이 기본원리라면, 동반한다는 의미는 아픔과 슬픔을 겪는 사람 곁에 전적으로 함께 있으면서 마음을 보듬어주는 역할을 하는 것이다. 그의 동반하기를 위한 11가지 원리 중 하나는 "다른 사람의 고통에 동참하는 것"이고 "다른 사람의 영혼의 거친 상태에 그대로 들어가는 것"이다. 즉 힘든 과정에 몸과 마음이 함께 있으면서, 판단하거나 방향을 제시하지 않으면서, 기다리며 함께 하는 것은 위로를 위한 첫 번째 원리라고 말할 수 있다.

두 번째는 물어보는 것이다. 물어보는 것의 이유는 몇 가지가 있다. 첫째, 상황이나 배경에 대한 정확한 이해가 필요하다. 물음을 통해서 환자의 신체적인 상태, 가족적인 배경에 대한 정확한 이해가 있어야 한다. 둘째, 어떤 마음 상태인지를 알기 위해 물어봐야 한다. 미국 병원 인턴십에서 환자의 방에 들어가서 꼭 물어보는 말이 있었다. "오늘은 기분이 좀 어떠세요?(How's your feeling today?)"이다. 이는 마음을 털어놓고 감정을 표현할 수 있도록 돕기 위한 물음이다. 셋째, 정확한 요구가 무엇인지 알기 위해 물어야 한다. 정확한 요구를 묻지 않은 채 자기 추측으로 돌봄을 지속할 수는 없다. 사람들은 대개 다른 사람들의 감정을 물어보거나 자신의 감정을 표현하는 일에 익숙하지 않다. 어떤 때는, 혹시 상처를 주는 일이 될까 염려하여 자세히 묻는 것을 피하고 싶은 마음이 생길 수도 있다. 또한, 한국의 정서에서는 '뭘 그걸 굳이 물어' 하는 식의 사고가 있기 때문에 자세히 물어보는 것이 실례가 된다고 생각하기도 한다. 어떤 사람들은 감정을 드러내는 일이 아픔을 가중시키는 것이라 생각하기에 감정을 묻거나 듣는 일을 불편해하기도 한다. 하지만, 확신을 가지고, 진실하고도 케어하는 마음으로 묻는 것이 좋다. 그럴 때 사별자도 마음을 열고 자신의 감정을 솔직히 표현할 수 있는 기회를 갖게 된다.

몇 해 전 신학대학원에서 강의할 때 한 여학생이 유산한 경험을 이야기했다. 당시 사람들은 산모의 건강과 다시 아이를 가질 수 있는 희망에 초점을 맞춰 이야기를 했다고 한다. 하지만 정작 이 대학원생의 마음을 물어보는 사람은 아무도 없었다고 한다. 때로는 긍정적으로 도와주려고 했던 말들이 사실은 상처를 주거나 실망을 안겨줄 수 있다. 물어본다는 것은 마음을 털어놓고 감정을 표현할 수 있도록 돕는 좋은 위로의 방법이다.

세 번째는 공감이다. 공감은 단순히 다른 사람의 의견이나 감정에 대해서 같은 느낌을 갖는 것이 아니다. 공감을 영어에서 찾아본다면, empathy가 적절한 말이다. 대부분의 사전에서 이를 '공감' 혹은 '감정이입'이라고 번역하고 있다. 하지만, 이는 단순히 감정을 이입시키는 상태가 아니라, 상대방의 입장에서 지금 일어나고 있는 감정을 느끼고 반응하는 것이다. 상담자의 입장에서 감정을 이입하게 되면, 동정 (sympathy)이 된다. 나의 경험과 유사한 이야기라고 여겨져 자신의 경험이 더 강조된다면 투사(projection)가 된다. 그러기에 진정한 공감이란 "상대방의 입장에서 상대방의 감정을 이해하려는 적극적인 태도"이다.

또한 공감은 공감적 경청(empathetic listening)으로 표현되기도 한다. 상담에 있어 듣는 것은 가장 중요한 요소이며, 상담의 성패는 어떻게 들어주느냐에 달려있다고도 볼 수 있다. 일상생활에서 관찰해보면 어떤 사람들은 듣기는 들어도

진정성이 없는 사람이 있다. 어떤 사람은 물어봐 놓고서 막상 이야기를 시작하려고 하면 제대로 경청하지 않는 사람도 있다. 이런 사람들이 "어떻게 지내냐?"고 묻는다면 그냥 건성으로 대답할 수밖에 없다. 어차피 제대로 들어주지 않을 것을 알기 때문이다. 공감적 경청은 위로가 필요한 사람의 마음을 여는 열쇠이다. 경청한다는 것은 온전히 동참(fully attentive)하는 것이다. 즉, 우리의 귀와 온몸과 마음을 다해 듣는 것이다.

네 번째는 감정인지이다. 감정을 인지해주는 것은 위로를 위한 돌봄에 있어 핵심이다. 누군가 사랑하는 사람을 잃고 애도 중에 있는 사별자 이야기를 공감적으로 들으면서 그가 느끼고 있는 감정을 인지해주는 것은 참으로 중요하다. 대개 사람들은 자신이 경험하고 있는 마음의 상태가 어떤 감정인지 잘 인지하지 못한다. 특별히, 죄책감이나 수치심, 후회나 미안함처럼 숨기고 싶은 감정들은 잘 표현되지 않는다. 이와 같은 감정들을 인지해줄 수 있다면 정서적인 환기를 느끼고 자신의 감정을 이해하고 더 잘 표현할 수 있도록 돕는다.
애도 상담을 가르치면서 느끼는 것 중 하나는 사람들이 자신이 경험한 여러 가지 상실들을 상실이라고 느끼지 못하고 살아왔다는 사실이다. 그러기 때문에 상실로부터 오는 자연스러운 감정들을 인지하지 못하고 그냥 지나치는 경우가 많다. 상실로부터 오는 주요감정들은 충격, 무감각, 슬픔, 외로움, 분노, 절망, 좌절, 죄책감, 불안, 초조, 두려움, 무력감 등이다. 이러한 구체적인 감정들을 인지해주는 것은 그 감정에서 벗어나도록 돕는다. 이러한 감정들을 이해해주고 표현할 수 있도록 도와주는 신뢰할 만한 사람이 있다면, 어려운 시기를 잘 이겨낼 수 있는 힘이 될 것이다.

다섯 번째는 답 안 주기다. 대부분의 상담이 그렇지만 애도 상담에 있어서 더욱 주의해야 할 것은 문제를 해결해주려는 마음에서 벗어나는 것이다. "왜?" 혹은 "어떻게?"라는 질문은 현재 자신이 겪고 있는 힘든 상황을 토로하고 이해해 달라는 하나의 방식인 것이지, 실제로 답을 달라거나 문제를 해결해 달라는 것이 아닌 때가 더 많다. 그렇기 때문에 답을 주게 되면, 내담자의 마음 깊은 곳을 탐색하면서 그 마음을 표현하게 할 수 있는 기회를 놓치는 것이다. 앞서 언급한 알렌 올펠트의 말처럼, 슬픔 치유를 위한 돌봄과 상담은 방향을 제시해주는 것이 아니라 함께 있어주는 것이다. 슬픔의 과정에 있는 그들의 곁에 함께 있으며 기도와 마음으로 지지해주는 것이 좋다.

여섯 번째는 코끼리 찾기다. 영어 표현에는 '방 안에 있는 코끼리(Elephant in the room)를 찾으라'는 말이 있다. 이것은 방 안을 무겁게 누르고 있는 어떤 이슈를 발견하라는 것인데, 그것은 표현되지 않고 있거나, 이야기되기 꺼려지는 주제를 말한다. 상담도 마찬가지이다. 내담자는 마음속에 있는 어떤 감정뿐 아니라, 자신이 처해 있던 어떤 환경적인 어려움에 대해서 직접적으로 이야기하지 않고, 머뭇거리며 주변만 맴도는 경우가 있다. 가족적인 이슈로는 자녀나 부모에 관한 이야기일 수 있고, 직업적인 일이나 신앙적 혹은 개인적인 고민일 수도 있다.

이러한 이슈를 찾기 위해서는 앞서 말한 물어보기, 경청하기, 공감하기 등의 방법을 통해 사별자가 현재 겪고 있는 다양한 정서적, 인지적, 신체적, 행동적인 반응과 변화들을 이야기할 수 있는 안전한 분위기를 조성해야 한다. 그럴 때, 표현하지 못하고 있는 이슈를 끌어낼 수 있다. 물론, 경험이 많은 상담가는 대화 속에서 그 주제를 끌어내어 사별자가 겪고 있는 마음의 깊은 고통이나 상처를 어루만져 줄 수 있을 것이다. 이것은 특별히, 사별 애도 과정의 보편성과 특수성을 잘 이해하는 데에서 오는 것이다.

　마지막 일곱 번째 원리는 의례 활용이다. 앞서 언급한 장례식이나 알렌 박사가 말한 공간적 재배치(머물기)는 의례가 어떻게 위로의 역할을 하는지에 대해 잘 말해주고 있다. 다시 한번 강조하면, 장례예배는 유가족들을 비롯하여 공동체 일원들이 참여하는 가운데 죽음을 공인하고, 감정을 표현하고, 죽은 이의 삶의 가치를 인정하고, 다시 만날 희망을 얻으며, 위로를 받을 수 있는 중요한 장이다. 또한, 일상에서의 의례는 지속적으로 고인과의 관계를 유지하면서 상실을 애도할 수 있는 귀한 자원이다. 이렇듯 '위로를 위한 상담의 기본원리'는 슬픔과 아픔을 겪고 있는 사람들을 위로하고 회복을 도울 수 있는 기본적인 관점을 제시해 준다. 이를 통해 위로와 회복을 위한 모든 사역에 작으나마 도움이 되었으면 한다.

슬픔에 필요한 것은 치료 보다는 동반

알렌 울펠트는 동반하기를 위한 열한 가지의 원리를 이야기하면서 사별자들의 마음을 보듬어 줄 수 있는 바른 위로의 방법을 제시한다. 그중에 한 가지는 슬퍼하는 사람의 영혼의 광야 상태를 그대로 받아들이라는 것이다. 이는 문제점을 찾아야 한다는 책임감에서 벗어나는 것이고, 슬픔의 감정을 없애려고 노력하는 것이 아니라 그 상태를 인정해 주라는 말이다.

여러 해 애도 상담을 가르치고 훈련하면서 종종 보게 되는 상담사들의 실수는 바로 내담자에게 뭔가 해결책을 제시해주어야 한다는 강박을 갖는 데서 비롯된다. 사랑하는 사람이 떠나고 난 후 겪게 되는 다양한 감정과 마음의 고통은 자연스러운 것이다. 그것은 뭔가 잘못됐다는 것을 의미하지 않는다. 상실은 몸과 마음과 영적으로 혼란한 상태를 경험케 한다. 이러한 상태에 있는 사람이나 곁에서 지켜보는 사람 모두는 불편함을 느낄 수 있다. 그러기에 빠른 회복이나 해결이 우선인 양 착각할 수 있다. 하지만 이때 필요한 것은 뭔가 해결해줘야 한다는 생각 없이 영적 고뇌를 겪는 광야의 길을 함께 걸어 줄 수 있는 동반자이다.

'영혼의 광야 상태'란 임계적인(liminal) 공간을 말한다. 라틴어의 리미나(limina)는 문지방을 뜻하는 단어로 이도 저도 아닌 중간 혹은 사이의 공간을 말한다. 임계적 공간은 많은 사람들이 그다지 좋아하지 않는 영적 공간이다. 하지만, 사별 이후 반드시 경험하게 되는 공간이다. 이 공간에서 사별자들은 혼란된 감정을 경험한다. 그동안 믿어왔던 가치와 신념의 혼란을 겪는다. 세상이 어떻게 돌아가고 있는 것인지 질문하게 된다. 하나님에 대한 믿음에 회의를 느끼기도 한다. 이렇듯 깨어진 신념, 가치, 의미 등을 다시 세우기 위한 도움은 문제해결이나 답을 제시하는 것이 아니다. 어떤 기술이나 처방이 필요한 것이 아니다.

현대 사회에 사는 우리들은 빠른 문제해결을 원한다. 임계적인 공간처럼 구름 속을 걷는 모호함보다는 밝고 선명한 빛 아래 걷기를 원한다. 고통, 슬픔, 두려움, 모호한 감정들과 같은 상실이 불러오는 일반적인 증상들을 피하고 싶어 한다. 심지어 슬픔을 싸워 이겨야 할 극복의 대상으로 여기기도 한다. 그러기에 상실의 슬픔 가운데 있는 이들을 돕기 원하는 사람들이 종종 마주하는 유혹은 바로 혼란의 문지방으로부터 속히 건져내고자 하는 욕구이다.

해결을 위한 욕구는 어쩌면 사별자를 위한 것이 아닌 자신이 느끼는 고통으로부터 속히 벗어나고자 하는 욕망일 수도 있다. 그래서 우리는 "바쁘게 지내라" "참고 지내라" "잊어라" "힘내라" 등의 말을 통해 빠른 회복을 기원한다. 하지만 이러한 말들은 애도를 회피하게 하고, 더 복잡한 애도의 과정으로 이끌게 될 수 있다. 사랑하는 사람이 떠난 자리는 더 이상 이전과 같은 공간이 아니다. 사별자는 새로운 자신의 정체성에 적응해야 하며 고인이 없는 새로운 상황에서 겪게 되는 외적 환경에 적응해야 한다. 이를 위한 시간이 필요하다. 영적 광야의 시간은 사별자들에게 새로운 의미를 찾고 새로운 자아를 발견할 수 있는 시간을 허락해준다.

역사적으로, 인생의 여정 가운데 어떤 중요한 전환기에 섰던 사람들은 광야의 시간을 경험했던 것을 볼 수 있다. 그들은 광야에 거하는 것의 가치를 이해하고 있었던 것 같다. 40일간의 사막생활, 산의 정상에 오르는 수행, 홀로 대양을 여행하는 등의 경험들을 통해 스스로를 광야 속으로 몰아넣었다. 그들이 가지고 있던 근원적인 신념이 어떤 것이든 간에, 결국 그들은 자신이 어디로 가야 할지를 알기 위해 자신의 자아를 완전히 놓아 버린 채 광야의 경험을 달게 받아들였던 것이다.

예수님 또한 40일간의 광야의 시간을 보냈다. 또한, 십자가를 지는 고난의 잔을 피하지 않고 죽음을 지나 부활의 생명으로 제자들을 만났다. 성경에서 광야는 일상을 벗어난 시련의 공간이다. 모세가 하나님을 만나 새로운 사명을 부여받은 곳도 광야다. 이스라엘 백성들은 광야 40년의 떠도는 생활을 통해 하나님을 체험한다. 그럼에도 그들은 광야의 삶을 두려워했다. 이로 인해 시내산에서 더디 내려오는 모세를 기다리지 못하고 빠른 처방을 내리게 되니 그것이 금송아지를 만드는 일이었다.

사별 슬픔으로 인해 고통당하고 있는 사람들도 이와 같은

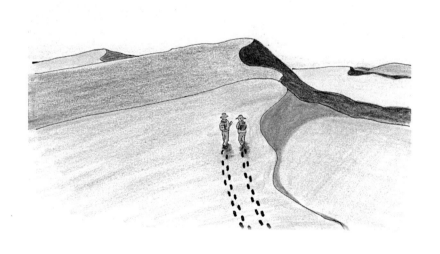

광야를 경험하게 된다. 어딘지 모르는 광야의 시간은 때로는 두려움을 가져다준다. 애도의 과정은 빠져나오지 못할 것 같은 슬픔의 긴 터널과도 같다. 하지만 이러한 광야에 거하며 겪는 불편함은 나름 큰 의미가 있다. 도저히 일상의 삶 속으로 다시 돌아올 수 없을 것 같기에 본능적으로 빠른 회복의 길을 찾으려고 애써 보지만 광야의 시간을 존중하고 통과하는 것이 중요하다. 이를 통해 서서히 다르게 변화되는 자신을 경험하게 될 것이다.

이도 저도 아닌 사이에 낀 공간에 있는 것은 불편하다. 절망스럽고, 우울하고, 불안하다. 하지만 그 알 수 없는 불확실함과 불편함을 해소하기 위한 급한 행동보다는 그 과정을 신뢰하고 기다리는 것이 더 지혜로운 일이다. 사별 슬픔의 고통을 마주하고 싶지 않아 회피하거나 묻어 두려는 것은 좋은 애도의 방법이 아니다. 영혼의 광야 길에서 두려움과 마주하며 감정을 있는 그대로 표현할 수 있을 때 치유가 시작된다. 이를 돕고자 하는 사람들은 급히 벗어나도록 처방을 내리거나 어설픈 답을 주는 대신 묵묵히 곁에서 함께 걷고, 때때로 손잡아주는 것이 필요하다. 어디에 서 있는지 모르는 공간의 체험, 그것은 반드시 겪어야 할 사별 슬픔의 한 과정이다.

4장 아직 펼쳐보지 않는 책

아버지의 죽음으로 되돌아본 나의 삶

    깊은 잠을 자다 잠시 눈이 떠진 어느 새벽, 이리저리 뒤척이며 다시 잠을 청하려 애를 쓰고 있었다. 엎드려 잠을 자는 습관 때문에 한쪽으로 올려진 다리를 내리려 하는데 약간의 통증과 함께 다리가 저려와 움직일 수 없었다. 순간 내 맘대로 내 몸을 조종할 수 없는 상황에 대한 불안감이 엄습했다. 다행히 서서히 조금씩 옮기며 다리를 내리는 데 성공했다. 다른 사람들에게는 별거 아닌 문제로 여겨질 수도 있지만 나에게는 그렇지 않았다. 신체에 문제가 있는 건 아니었지만 이상한 기분이 들었다. 그리고 30년 전에 돌아가신 아버지 생각에 잠을 이루지 못했다.

아버지는 루게릭병으로 3년여간을 고생하시다가 죽음을 맞이했다. 생각해보니 나는 지금까지 한 번도 아버지가 얼마나 고통스럽고 힘들었을지 진지하게 느껴 보지 않았다. 잠시 내 몸을 제어하지 못하던 새벽, 그때야 비로소 아버지의 고통이 떠올려졌다. 얼마나 무서웠을까? 내 몸을 내가 움직일 수 없다는 사실 말이다. 얼마나 고통스러웠을까? 서서히 말라가는 육체와 힘이 빠져가는 근육으로 인해 결국에는 자신의 힘으로는 아무것도 할 수 없는 상황에 직면한다는 것 말이다. 그 사실을 인지하면서 아버지는 무슨 생각을 하고 계셨을까? 혼자 밥을 먹을 수도, 화장실에 갈 수도, 옷을 챙겨 입을 수도, 아니 손가락 하나 까닥할 수도 없는 좌절과 절망 속에서 말이다.

10대 후반, 내가 보았던 아버지는 엄청난 어른이었다. 다른 친구들에 비하면 아버지가 일찍 돌아가신 것이라는 생각을 하긴 했지만, 그래도 아버지는 나이가 많았기에 돌아가신 것이란 생각도 했었다. 그렇다고 해서 아버지는 어른이기에 혹은 나보다 30년이나 더 오래 사셨기에 그러한 고통을 느끼시지 않거나 견디실 거라는 바보 같은 생각을 했던 것은 아니다. 그저 내가 아니었기에, 내가 겪는 고통이 아니었기에, 어렸기에 잘 몰랐던 것이다.

세월이 흐르고 나이가 들어가면서 나도 아버지의 병이 시작됐던 바로 그 나이가 되었다. 가끔은 불안함을 느끼기도 한다. 그리고 현재 내 모습을 본다. 나는 여전히 나 자신을 어른이라고 느끼지 못하고 산다. 아직도 어린아이 같은 면이 있고, 감정을 다스리지 못할 때도 있고, 슬픔과 고통에 눈물 흘리기도 한다. 불안정한 삶에 대한 두려움도 있고, 마주한 현실에 절망감도 느낀다. 지금의 내가 그렇듯 아버지도 그러셨을 텐데 왜 나는 아버지의 마음과 고통을 깊이 헤아리지 못했을까 죄송한 마음이 많이 든다.

1940년생이신 아버지는 1990년 50세의 일기로 세상을 떠났다. 은연중에 나는 '아버지가 사셨던 그 나이까지 살 수 있을까?' 생각하곤 하며 살았다. 그래서 뭐든지 지금 할 수 있는 일들은 미루지 않으려 하며, 벌여 놓은 일들을 하나하나 잘 마무리하며 살려 노력한다. 만나는 사람들에게 최선을 다하고, 나를 통해 따스함을 경험할 수 있도록 노력한다. 나의 삶의 흔적이 다른 이에게 좋은 기억으로 남았으면 한다. 이것이 내게는 죽음 준비이다. 나도 벌써 그 나이가 되었다. 죽음이 가르쳐주는 진리가 그렇듯이 언제 죽을지 모르는 것이 인생이다.

사람들은 일상을 살아가면서 자신의 삶이 그렇게 지속될

것이라 생각한다. 즉; 하루를 보내고 난 후 내일도 정해진 일정대로 일상이 어제처럼 반복될 것이라 믿는 것이다. 물론 예상치 못한 일들이 생길 것이라는 작은 예측들을 하면서 늘 조심스레 행동하기도 한다. 그렇다 해도 삶은 내 예측과는 다르게 전개되고 크고 작은 문제와 변화를 만나게 된다. 위기상담에서는 이러한 상황을 가리켜 위기라고 말한다.

인간이 겪는 다양한 위기들은 발달과정에서 자연스레 겪는 상실의 문제들뿐 아니라, 갑작스럽게 만나는 감당할 수 없는 상황에 이르기까지 다양하다. 상실의 관점에서 본다면, 죽음을 비롯한 경제적, 관계적, 기능적, 정신 내적, 역할적, 공동체적 상실이 있다. 또한, 죽음만큼 끔찍한 일들도 많다. 아이가 실종되어 평생 아이를 찾기 위해 전국을 떠돌아다니는 부모들도 있고, 치매에 걸린 배우자나 부모를 돌보는 사람들, 뼈아픈 역사의 희생자로 평생 고통당하는 분들도 있다. 대형 참사, 각종 사고, 살해, 자살 등 갑작스러운 죽음으로 충격에 빠지기도 하고, 말기 혹은 장기 질환으로 인해 사랑하는 사람을 돌보며 어려운 시기를 보내기도 한다. 이렇듯 인간의 위기는 다양하고 고통스럽다.

인간은 감당할 수 없는 큰 위기 앞에서 자아가 흔들리고 지금까지 믿어왔던 세계관에 손상을 입는다. 재노프-불만

(Ronnie Janoff-Bulman)은 사랑하는 사람의 죽음으로 인해서 도전받는 세 가지가 있다고 말한다. 첫째, 세상은 자비롭고 사랑이 넘치는 장소인가? 둘째, 세상은 상식적인가? 셋째, 사람은 가치가 있는 존재인가?라는 것이다. 이렇듯, 사랑하는 사람의 죽음은 삶의 의미와 가치, 세계관의 혼란과 변화를 일으킨다. 특별히, 갑작스런 죽음이나 어린아이를 잃은 부모들은 왜 하나님이 이러한 일이 벌어지게 놔두었냐며 원망과 탄식을 하게 된다.

이렇게 삶의 의미와 가치가 흔들리게 되는 경험은 사랑하는 사람을 잃은 가족들에게만 일어나는 것은 아니다. 바로, 육체적인 상실을 경험하는 주체인 자기 자신도 경험하게 된다. 즉, 나의 아버지가 경험했던 것처럼 자신의 죽어가는 과정을 바라보면서는 세상은 사랑이 넘치는 곳이라든가 하나님이 공평하다든가 하는 생각은 도저히 할 수 없다. 왜 내게 이런 시련과 고통을 주시는지 항의하며 신을 원망하게 될 것이다. 위기를 만난 모든 사람들은 삶이 이전처럼 가치 있는 것처럼 느껴지지 않는다.

로버트 니마이어(Robert Neimeyer)는 이러한 상황을 의미 만들기 이론(meaning-making theory)을 통해서 설명한다. 사람은 누구나 자신만의 의미체계를 가지고 있으며, 이를 자신의 경험과 다른 사람들과의 관계, 세계를 해석하고 행동하게 만드는 하나의 원리로 사용하게 된다. 하지만 사랑하는 사람의 죽음 등 예상치 못한 충격적인 사건을 경험하게 될 때 사람들은 자신이 가지고 있던 의미체계, 즉 중요한 믿음과 가치가 도전받게 된다. 죽음은 세상이 위험하고, 예측 불허하며, 정의롭지 않다는 생각을 하게 만든다. 더욱이, 자신의 삶에 있어서 중요한 역할을 하는 사람의 죽음은 자신의 삶을 유지하는 근간을 잃게 되는 것이다. 이로 인해, 인간의 유한함을 생각하게 되며, 신의 존재와 사후세계에 대한 궁금증을 자아내게 되며, 삶의 의미를 다시 찾고자 하는 과정을 겪게 되는 것이다. 이것이 바로 의미 만들기의 과정이다.

이는 자신들의 경험을 이해하고 의미를 찾기 위한 다양한 관점에서의 노력이며, 삶의 목적과 가치를 재구성하기 위한 과정이다. 모든 사람들이 의미 만들기 이론에 따라 자신의 경험에 의미를 부여하는 것은 아니다. 하지만, 삶의 의미와 가치에 대해서 새롭게 생각하고 의미체계를 새롭게 구성해 나아가는 과정을 통해 영적 위기 속 고뇌와 절망에 대한 자신만의 해답을 발견하게 된다. 인간은 영적 존재이기에 그러한 영적 의미의 재구성이 그나마 삶을 살아가도록 혹은 삶을 잘 마무리할 수 있도록 돕는 작은 힘을 보태준다.

죽음이란 무엇인가?

인간이 살아가면서 맞이하는 위기 가운데 도저히 해결할
수 없는 문제가 바로 죽음이다. 그러니 죽음에 직면한다는
것은 예상을 하고 있든 아니든 간에 크나큰 충격을 안겨준
다. 죽음 앞에 선 당사자나 가족들은 그동안 지속되어 왔던
삶이 멈추는 경험을 하게 된다. 아무리 죽음이 하나님께서
정하신 일이고, 삶의 일부분이라 할지라도 막상 다가온 죽음
은 인간을 무력하게 만든다. 제임스 프레이저(James Frazer)
는 "모든 종교의 역사는 죽음을 초월하기 위한 시도들의 기
록"이라고 말했다. 중국 최초의 통일국가를 이룩한 진시황
제의 불로초 이야기는 죽음을 극복하기 위한 인간의 노력을

대표적으로 보여준다. 이토록 인간들이 기피하고 극복하기 원하는 죽음이란 무엇인가?

철학은 인간의 죽음에 대한 성찰에서부터 시작됐다고 말해도 과언이 아니다. 죽음이란 무엇인가에 답을 얻기 위해 많은 사람들이 고민을 거듭했다. 철학자들뿐 아니라 삶과 죽음을 깊이 묵상한 사람들은 죽음에 대한 나름의 정의를 내놓는다. 정신과 의사인 엘리자베스 퀴블러 로스는 죽음은 "마지막 성장 단계"라 했으며, 외과 의사인 히노하라 시케야키는 "죽음은 내가 어떻게 살아왔는가를 보여줄 수 있는 마지막 기회"라고 말했다. 김수환 추기경은 "죽음은 아직 펴보지 않은 책"이며 "그 안에 하나님의 빛과 생명이 가득하다"고 말했다.

죽음에 대해 말할 때 사람들은 대부분 자신의 종교적 배경이나 신념을 반영하기도 하며, 자신이 겪은 삶의 특별한 경험에 비추어 죽음을 정의하는 경향이 있다. 성직자들이 지닌 죽음관은 자신의 종교 신앙관에서 크게 벗어나지 않으며. 실제 가장 사랑하는 사람의 죽음을 경험한 이들이 죽음에서 희망을 찾고 노래하는 것은 당연하게 여겨진다. 또한, 자신이 처한 상황이나 직업적인 경험이 죽음관을 결정하는 데에 큰 영향을 미칠 수도 있다. 죽음을 가까이에서 목격하는 의료인들 중에는 의미 있는 삶과 아름다운 마무리에 관심을 갖는 이들도 많다.

그러고 보면, 나는 30년 전 루게릭병으로 돌아가신 아버지의 죽음과 그때 결심한 나의 삶의 방향이 죽음관을 형성하는 데에 큰 영향을 미쳤다. 죽음 그 자체에 대한 두려움은 내게 없다. 삶과 관련해 죽음에 대해 갖는 한 가지 두려움은 내가 하고 있는 일을 어느 정도 마치고 생을 마감하고 싶은데, 갑작스러운 죽음을 맞이할까 두렵다. 또한, 그 갑작스러운 죽음 때문에 혹시라도 사랑하는 딸들이 아빠 없는 삶을 어떻게 살아가게 될 것인지 두려울 뿐이다. 평균수명 정도는 살아야지 하는 것이 소박한 바람이다. 아니 너무 큰 바람일 수도 있겠다.

내게 있어 죽음은 다른 세계로의 옮겨감이다. 우리가 천국이라 불리는 바로 그 공간이라 믿는다. 태아가 어머니의 자궁 속에서 이 세상을 볼 수 없지만, 그 생명의 줄기에 기대어 삶을 지속하는 것처럼, 우리는 현재를 살아가고, 죽음 이후에는 우리가 알지 못하는 세상이 존재한다고 믿는다. 우리는 태아가 어머니의 뱃속에 존재한다는 것을 알지만, 태아는 그 바깥세상에 있는 우리들의 존재를 인식할 수 없다. 죽음 이후의 세계도 마찬가지라 생각한다. 우리는 볼 수 없지만, 그 세계는 존재할 것이고, 생명의 씨앗이 시작되기 전에도 그 세계는 존재했을 것이다. 죽으면 "돌아간다"라는 표현을 쓰는 것은 바로 생명이 시작되기 전 바로 그 세계로 돌아가는 것이리라. 바로 그 세계가 죽음 이후의 세계와 동일할 것으로 생각된다.

엘리자베스 퀴블러 로스도 『사후생』에서 "죽음의 경험은 출생의 경험과 같다"고 말했다. 그러기에 "우리는 죽지 않는다." 우리는 어머니 자궁 속 태아가 세상에 나온 것을 죽음이라 하지 않고 출생이라고 말한다. 마찬가지로 우리가 죽음이라고 부르는 변화는 단지 일정 기간 머물렀던 육체라는 집에서 벗어나는 현상일 뿐이다. 출생이 그러하듯 죽음은 새로운 세계로 들어가기 위한 문을 통과하는 것이다.

한국사회에서 최초로 죽음에 대한 담론을 시작했던 각당복지재단의 김옥라 박사는 세상에 변하지 않는 것은 없다고 말하며, 인간도 태어나면서부터 늙을 때까지 수많은 변화를 겪는다고 했다. 마찬가지로 죽음 또한 큰 변화라고 그녀는 말한다. "죽는다는 것은 또 하나의 크나큰 변화의 과정을 여러 번 겪는 것이고, 애벌레가 나비가 되듯이 다른 형태로 변화해서 다른 큰 세계에서 새로운 삶을 사는 것이다." 이러한 생각은 퀴블러 로스의 죽음관과 일맥상통한다. 퀴블러 로스

가 죽음을 나비 상징으로 이해한 것은 2차 세계대전 이후 폴란드에 의료봉사를 갔을 때였다. 그녀는 유대인 수용소 벽면에서 죽음을 앞둔 사람들이 그려 놓은 무수한 나비들을 발견하였다. 이후 그녀가 깨달은 것은 죽음은 애벌레가 나비가 되는 현상이라는 사실이다. 인간의 몸은 고치이고, 몸은 오직 잠시 살기 위한 집에 불과하다. 고치가 회복 불능의 상태가 되면 나비로 태어나 몸에서 자유를 얻으며 새로운 세상으로 옮겨가는 것이다.

또한, 죽음은 내게 있어 선물이다. 첫째, 죽음은 정해진 삶의 종국이기에 그렇다. 우리의 삶의 기간이 정해져 있기에 사람들은 삶의 의미와 가치를 생각하고, 정해진 기간에 자신의 목표를 가지고 삶을 살아간다. 죽음이 없다면 인간의 삶의 의미도 사라진다. 도덕적 가치도 질서도 모두 무의미해질 것이다. 둘째, 죽음은 모든 인간을 평등하게 한다. 인간의 태어남은 아무것도 가지지 않은 채 벌거숭이로 오기에 평등해 보이지만, 우리가 알다시피 어떤 사람은 '은수저(silver spoon)'을 물고 태어난다. 태어남은 공평치 않을 수 있지만, 죽음은 단 한 번 모든 사람을 평등하게 만든다. 셋째, 죽음은 떠나는 자와 남겨진 자 사이에 줄 수 있는 마지막 선물이다.

헨리 나웬도 "죽음은 선물"이라고 말했다. 사랑하는 사람의 죽어가는 과정과 그 죽음은 남겨진 사람들에게 의미가 될 수 있기 때문에 그렇다. 예수님의 죽음이 우리에게 구원을 주신 것처럼, 한 성자의 죽음이 다른 이들의 영성과 삶에 영향을 미치는 것처럼, 사랑하는 사람의 죽음이 헛되이 되지 않고 나의 삶을 이끄는 전환점이나 방향이 될 수 있는 것처럼, 모든 사람의 죽음에는 다른 사람의 삶에 영향을 주는 의미가 있기에 선물이 될 수 있다.

죽음이 없다면 삶 또한 존재하지 않는다. 마찬가지로 삶이 없다면 죽음이 존재할 수 없다. 정진홍 박사는 "죽음은 삶 속에서 일어나는 현상이다. 살아있지 않은 것은 아예 죽지 않는다"고 말했다. 또한, "보람 있는 죽음은 보람 있는 삶이 낳는다"고 말한다. 즉, 좋은 삶이 좋은 죽음을 만든다는 것이다. 이를 위해서 현재 우리에게 주어진 일들을 유예하지 말고 해야 할 것이며, 이루어지지 않는 자기의 꿈과 이상에 대해서 스스로 너그러울 수 있는 여유를 가지고, 죽음을 사랑하는 삶을 살아야 할 것이다.

죽음을 정의하는 것은 철학자나 명상가 혹은 어떤 유명인들만의 전유물이 아니다. 누구나 죽음을 생각하면서 자신의 철학, 가치관, 종교관에 비추어 성찰하고 정의하는 것은 값진 일이다. 김옥라 박사는 이렇게 말한다. "인간의 마음속 깊

은 곳에는 자신도 모르는 창의력과 통찰력이 감추어져 있는
데 매일매일 바쁘게 살 때는 발견하지 못한다. 엠마오로 가
는 제자들처럼 예수에 대해서 알고자 하는 간절한 마음이 있
을 때에 눈이 번쩍 뜨일 수 있다."

　이렇듯 "눈이 번쩍 뜨이는 체험"은 깊은 성찰을 통해서 이
루어진다. 생각하고 또 생각하다 보면 자신 안에 감추어진
능력을 끌어낼 수 있다. 죽음을 생각하면서 '죽음이란 무엇
인가?' '삶의 의미는 무엇인가?' '어떻게 살 것인가?'에 대한
깊은 묵상을 통해 현재의 삶의 성숙을 이루고, 삶에 대한 책
임감을 가지고 모든 관계성 속에서 성실함과 진실함으로 살
아가는 것은 죽음이 가르쳐 주는 진리를 실천하는 하나의
길이라 믿는다.

죽음 : 삶의 여정을 보여주는 마지막 기회

최근 50대 후반의 한 여성으로부터 들은 이야기다. 자신은 평소 시어머니를 존경하고 살았다고 한다. 성품뿐 아니라 자녀들을 다루는 모습과 며느리를 대하는 태도 등 여느 시어머니답지 않게 크게 본받을 만하다고 생각했다. 그런데 작년에 시어머니가 돌아가시는 모습을 보면서 안타까운 마음이 들었다고 한다. 암 투병으로 고통스럽게 죽음을 맞이한 시어머니가 마지막에 남기신 말씀은 "나 좀 더 살게 해줘!"였다고 한다. 시어머니의 평소와 다른 모습에 놀랐고 죽어가면서도 더 살고 싶어 하는 시어머니의 욕구에 그동안 쌓아왔던 존경심에 조금은 금이 갔다고 한다.

더 오래 살고자 하는 것은 어쩌면 인간의 기본적인 욕망일 수도 있다. '개똥밭에서 굴러도 이승이 좋다'는 말은 내세보다는 현세의 삶을 추구하고자 하는 인간의 마음을 고스란히 보여준다. 최근 20대에서 60대 성인들을 대상으로 한 조사에 의하면 나이가 들수록 오래 일하고 싶은 욕구와 오래 살고 싶은 욕구가 더 크다고 한다. 그러니 나이가 들어 "늙으면 죽어야지"라고 말하는 노인들의 이야기는 대부분 거짓말이다. 오히려 이 말은 늙어감에 대한 한탄 혹은 아쉬움의 표현이라고 봐야 할 것이다.

노인들이 더 오래 살고 싶은 이유는 무엇일까? 가장 큰 이유는 아마도 이제 살만한 세상이 왔다고 느끼기 때문일 것이다. 세상이 많이 바뀌고 있다. 교통시설의 발달로 전국이 일일생활권이 되었고, 인터넷과 스마트폰 기술 발달은 세계를 하나로 연결했다. 물론 아날로그에서 디지털 시대로의 전환기를 경험한 세대는 그 변화를 따라가는 것이 쉽지는 않다. 하지만 이렇듯 세상이 좋아지고 있다는 것을 느끼면서 이런 세상에서 조금이라도 더 누리고 싶어 하는 마음은 이해할 만하다.

더군다나 노년기는 직업적인 일에서 벗어난 상태이며, 자녀 양육으로부터도 자유롭기 때문에 시간이 많은 반면 아직

해보지 못한 것들도 많다. 발전된 세상은 노년기에 재미를 줄 수 있는 일들로 가득하다. 솔로몬이 전도서에서 이야기하는 것처럼 인생을 오래 살고 보니 세상의 가치가 헛돼 보이는 것이 아니라, 세상은 넓고 할 일은 많다는 것을 깨닫게 된다. 그러니 물질적 가치를 추구하는 세상에서 하나라도 더 누려보지 못하는 것은 안타까운 일이라 여기는 것이다. 모든 노인들이 그렇다는 말은 아니다. 물질주의 세계관에 사로잡혀 진정한 삶의 의미와 가치를 깨닫지 못할 때 죽음은 더욱 피하고 싶은 현실이 된다는 것을 강조하는 말이다.

현대산업사회는 인간의 수명연장을 독촉하는 듯하다. 노화는 막고, 젊음은 유지해야 하며, 죽음은 극복해야 할 대상으로 여겨진다. 환자의 죽음을 의학의 실패로 여기는 의사의 마음과 태도는 이를 더욱 부추긴다. 하지만 죽음은 자연스러운 현상이다. 삶과 죽음은 마치 대조되는 말처럼 사용되지만, 사실 죽음은 인간의 삶 속에 공존하며 삶과 죽음은 동전의 양면처럼 하나의 실재라고 볼 수 있다. 우리는 인생의 주기를 말할 때 '출생'에서부터 '죽음'에 이르는 과정으로 표현한다. 이는 우리가 무의식적으로 삶 가운데 죽음이 포함된다는 사실을 인지하고 있다는 것을 보여준다.

앞서 예를 들었던 여성은 시어머니의 죽음을 통해 죽음

준비 교육의 필요성을 느끼며 죽음을 삶의 일부분으로 받아들였다고 한다. 건강하고 의미 있는 삶을 통해 아름다운 이별을 맞이하려고 노력한단다. 인간 삶의 필연적 과정인 죽음은 어느 누구도 생각하고 싶어 하지 않는 회피의 대상이다. 죽음을 삶과 연결시켜서 생각하지 않는다면, 죽음은 그저 동떨어져 있는 먼 훗날의 이야기일 수밖에 없다. 인간은 죽음을 향해 살아가고 있는 존재이며, 삶과 죽음이 하나로 연결되어 있다고 생각할 때 진정한 삶의 가치와 의미를 되새겨 볼 수 있다.

십여 년 전에 읽은 책 중에 김옥라 박사가 번역한 『죽음을 어떻게 살 것인가?』라는 제목의 책이 있다. 일본의 성누가병원에서 내과 의사로 45년간 환자들을 돌본 히노하라 시게아키 박사가 쓴 책이다. 히노하라 박사는 2017년 105세의 나이로 세상을 떠났다. 그는 100세의 나이에도 현역 의사로 활동했으며, 그가 보여주었던 삶의 모습은 일본 사회뿐 아니라 전 세계적으로도 많은 영향을 미쳤다.

히노하라 박사는 600명이 넘는 환자의 임종을 지켜봤다고 한다. 이 책은 그중 기억에 남는 18명의 환자와 아버지, 어머니의 죽음, 그의 스승이었던 오슬러 박사와 성누가병원 원장이었던 토이슬러 박사의 죽음에 대해서 기록하고 있다.

의사의 관점에서 죽음에 대해 기록한 실제 삶과 죽음에 관한 이야기다. 수많은 환자들의 죽음을 지켜봤던 히노하라 박사는 '환자들의 죽음을 통해 인간으로 살아가는 방법을 배웠다'고 말한다. 아름다운 죽음을 맞이한 환자들은 대부분 평소의 삶 속에서 사랑, 봉사, 감사, 인류애의 정신을 실천하며 살아온 사람들이다. 그러기에 히노하라 박사는 "죽음은 어떻게 살아왔는가를 보여줄 수 있는 마지막 기회"라고 말한다.

실제 죽어가는 환자들이 느끼는 두려움은 죽음 자체에 대한 것이 아니다. 그들은 자신이 지금까지 살아왔던 삶의 품위를 유지하지 못할까 염려한다. 또한, 마지막 순간에 가족들 곁에서 마지막 인사를 나누며 떠나고 싶어 한다. 죽음의 순간은 진정 자신이 살아왔던 삶의 모습을 보여줄 수 있는 마지막 기회이다. 나의 죽을 때 모습은 어떨까? 사랑하는 가족들, 친구들, 동료들 앞에 나는 어떤 사람으로 기억될까? 위대한 성인이나 예수님이 보여주신 삶의 위대함 혹은 인류의 역사를 바꿀 큰 업적은 아닐지라도 사랑하는 사람들의 기억 속에 아름답게 아로새겨질 삶의 흔적 하나 남겨야 하지 않을까 싶다. 그것은 죽음의 목전에서 성취되는 것이 아니라 그동안에 축적된 내 삶의 모습이 말해줄 것이다.

아직 펼쳐보지 않은 책 : 죽음

    미국의 정신과 의사이자 죽음학의 창시자라 불리는 엘리자베스 퀴블러 로스(Elisabeth Kübler-Ross)는 1969년 『죽음과 죽어감에 대하여(On Death and Dying)』라는 책을 통해 죽어가는 환자들이 겪는 다섯 가지 단계를 기록했다. 이 다섯 단계는 부정(denial), 분노(anger), 타협(bargaining), 우울(depression), 수용(acceptance)이다. 인간의 삶이 다양한 만큼 죽어가는 과정 또한 사람마다 다른 건 사실이지만 이 연구 결과는 대부분 환자들이 말기진단에서부터 죽음을 받아들이는 과정을 잘 보여주고 있다.

    퀴블러 로스의 이론은 워낙 유명하여 많은 사람들이 접해

봤겠지만, 이 이론을 돌봄에 어떻게 적용해야 하는지는 모르는 사람들이 많다. 먼저, 말기 진단을 받게 되면 대부분 그 사실을 믿지 않으려고 한다. 이렇게 부정하는 단계에서 누군가 "회복을 위해 기도한다" 혹은 "병 낫기를 위해 기도한다"라는 말은 어울리지 않는다. 왜냐하면 환자는 말기 암이라는 사실을 믿지 않고 있고, 심지어 아프다고도 생각하지 않기 때문이다. 몇 군데 병원에서 같은 진단을 받고 난 후에야 비로소 충격에 빠지고 분노의 단계에 이르게 된다.

분노의 단계에서 환자는 의사, 간호사, 가족들, 그리고 자신에게 화를 낸다. 또한, 하나님께도 분노하는 마음을 갖는다. "하나님! 왜 나에게!"라고 소리친다. 신실하게 신앙 생활하며 성실한 삶을 살았던 사람일수록 하나님에 대한 원망이 크다. 이때는 마치 신앙이 흔들리는 것처럼 보인다. 주변에 어떤 사람은 이렇게 분노의 단계에 있는 환자에게 "믿음이 약해졌다" "신앙이 없어졌다"고 말하기도 한다. "하나님은 그런 분이 아니다" "뭔가 뜻이 있을 것이다"고 답변해 주기도 한다. 하지만, 이 단계에서 환자는 분노를 통해 자신의 감정을 표현하고 있는 것뿐이라는 사실을 알아야 한다.

타협의 단계에 들어서면 죽음에 대해 생각하기 시작한다. 환자는 하나님과의 타협을 시도한다. "저를 살려주시면…"

"딸이 결혼할 때까지만 살게 해주세요"라고 말하면서 하나님께 기도하게 된다. 이때는 환자를 위해 마음을 다해 간절히 기도해주는 것이 필요하다. 이 시간이 지나고 우울의 단계를 지나 자기 죽음을 수용하는 단계에 이르게 된다. 이때는 죽음에 대해 보다 진지하게 생각하고 삶을 아름답게 마무리하도록 도움을 줄 수 있다. 단계마다 특징을 잘 이해하면서 환자들에게 도움을 주는 것이 중요하다.

일본에서 활동하고 있는 독일계 신부인 알폰스 디켄(Alfons Deeken) 박사가 있다. 일본 상지대학교에서 가르치면서 죽음학을 널리 전파한 분이다. 디켄 박사는 퀴블러 로스의 다섯 가지 단계 뒤에 한 가지 단계가 더 있음을 주장하였다. 바로 '희망'이다. 자기 죽음을 받아들인 사람들은 죽음 이후의 세계에 대해서 생각한다. 어떤 사람은 미지의 세계와 사후 심판에 대한 두려움을 갖기도 하지만, 기독교 신앙을 가진 사람들은 천국과 영생에 대한 확신을 가지고 희망을 품는다. 이 희망이 삶의 마지막 여정에 동행하며 위로와 힘을 더해준다.

죽음이란 무엇인지에 관해 명사들의 메시지를 담은 책 『아직 펴보지 않은 책, 죽음』(신앙과지성사, 2016)에서는 김수환 추기경, 구상 시인, 김형석 교수, 강원용 목사, 박완서 작가 등을 비롯한 종교, 사회, 문화, 경제, 의학, 교육, 철학계의 사회적 명사들이 죽음에 대한 자신의 경험과 생각을 말하고 있다. 이들의 이야기를 통해 죽음에 대해 성찰할 수 있는 귀한 기회를 얻을 수 있다.

김수환 추기경은 "죽음은 현세의 삶의 끝일지언정 그것이 만사를 무로 돌리는 종말이라고 보지 않는다"고 말한다. 그가 생각하는 죽음은 아직 펴보지 않는 책과 같다. "그 책 속에 우리를 위한 하나님의 사랑과 평화, 기쁨과 행복, 빛과 생명을 가득 담고 있다"고 그는 믿는다. 죽음이 무엇이라 직접적으로 말하지는 않았지만 죽음은 삶의 끝이 아닌 하나님의 사랑과 자비로 인한 구원과 영생이라고 말하고 있다. 즉, 죽음은 하나님의 약속으로 인한 새로운 생명을 얻는 희망인 것이다.

또한, 이 책에서 박완서 작가는 "죽음은 희망이다"라고 직접적으로 말한다. 박완서 작가가 죽음에 대해서 심각하게 지속적으로 생각하게 된 계기는 아들을 앞세우고 나서부터이다. 그 전까지는 죽음에 대해서 그리 진지하게 생각하지 않았고, 언젠가 죽겠지 하는 것 이상으로 죽음에 대해서 생각해보지 않았다고 한다. 하지만, 아들을 잃고 난 후 삶에 대한

희망을 잃었고 죽을 방법도 궁리해보았다고 한다. 그렇게 고통스러운 시간들을 보내고 나서 그녀가 찾은 답은 바로 죽음이 희망이라는 사실이다.

죽음을 통해 사랑하는 아들과 만날 수 있다는 희망은 그녀에게 살아가야 할 이유를 제공해주었고, 죽음에 대한 두려움 없이 소망 가운데 맞이할 수 있도록 도왔다. 뿐만 아니라 죽음에 관한 진리를 깨닫게 된다. 그녀의 말처럼 만일 사람들이 나이 순서대로만 죽게 된다면 "그것은 아마도 죽음 앞에 무력하게 늘어선 긴 줄서기"와 다름없을 것이다. 슬픔이 있으니 기쁨이 있듯이, 죽음이 없다면 삶도 없을 것이다. 그녀에게 죽음도 희망이 될 수 있는 것은 "희망이 없이는 살아있다 할 수 없기 때문이다." 이제 세상을 떠난 그녀는 그토록 그리던 아들과의 만남으로 그 희망을 이루었으리라 믿는다.

죽음은 떠나감, 이별, 상실로 표현될 수 있다. 나 자신의 죽음은 이 세상과의 이별이며 육체적 소멸을 경험하는 개인적 상실이다. 이러한 상실의 고통스러운 과정이 그럼에도 위로와 희망이 되는 것은 앞서 간 사람들과의 천국에서의 만남이 기다리고 있기 때문이다. 사랑하는 사람의 죽음을 지켜보는 남아있는 사람들도 마찬가지다. 사별의 슬픔과 고통은 언젠가 다시 만날 날에 대한 희망을 통해 위로를 얻는다.

이렇듯 떠나는 자와 남아있는 자들은 같은 희망을 품고 서로를 위로하고 있는 것이다. 아직 펼쳐지지 않은 책 속에 숨겨진 하나님의 사랑은 인간을 향해 새로운 빛과 소망을 전해주며 오늘의 삶을 희망 가운데 살아가도록 인도한다. 이는 단지 위로를 위한 추상적인 믿음이 아니라 정해진 삶을 의미 있게 살아가도록 돕는 하나님의 은혜이며, 죽음을 넘어 부활과 새로운 생명으로 이끌어 주시는 하나님의 약속에 대한 성취라고 믿는다.

엘리자베스 퀴블러 로스와 죽음학

엘리자베스 퀴블러 로스는 평생 스물세 권의 책을 저술하였다. 죽음학의 창시자답게 죽음과 관련한 다양한 연구와 저작을 남기며 후세에 큰 영향을 미쳤다. 그녀의 책 중『인생수업』,『생의 수레바퀴』,『상실수업』,『어린이와 죽음』은 한국어로 번역되어 많은 독자들의 사랑을 받고 있다. 1926년 스위스 취리히에서 세쌍둥이 중 첫째로 태어난 그녀는 자라면서 자신과 똑같은 모습을 한 두 자매를 보면서 자신의 정체성에 대해 고민했다고 한다. 그녀의 어릴 적 고민들은 삶의 경험들과 만나면서 죽음을 연구하는 의사로서 삶에 대한 깊은 이해와 통찰을 전해주는 영향력 있는 인물로 세계인의 기억 속에 길이 남게 되었다.

어린 시절 그녀는 나무에서 떨어져 죽음에 이른 이웃 농부의 마지막 과정을 지켜보면서 죽음과 죽어감에 대한 깊은 인상을 받았다. 농부는 병원이 아닌 자신이 손수 지은 집에서 죽기를 원했고, 그의 바람은 받아들여졌다. 가정에서 따뜻한 돌봄을 받으며, 그는 자녀들을 한 명씩 불러 유언을 남겼고, 이웃 사람들을 초청해 작별의 인사를 나누었다고 한다. 심지어 당시 어린아이였던 퀴블러 로스도 그를 만날 수 있는 기회를 가졌다고 한다.

정신과 의사로서 인간의 정신세계를 다루며 환자들의 치료를 위해 살아가던 그녀에게 죽음을 본격적으로 연구하게 되는 기회가 찾아온다. 그것은 1965년 시카고신학대학원에 다니던 네 명의 학생들의 방문으로부터 시작되었다. 당시 그들은 수업 중에 "인생에 있어서 가장 큰 위기는 무엇인가?"라는 질문을 받았고, 그 문제에 관해 소논문을 쓰는 것이 그들의 과제였다. 그들은 삶에 있어 가장 큰 위기는 '죽음'이라고 판단했고, 그 문제를 해결하기 위해 근처 대학병원에서 정신과 전문의로 일하고 있던 엘리자베스 퀴블러 로스를 찾아가게 된 것이다.

퀴블러 로스는 병원 원목과 함께 죽어가는 환자들을 인터뷰하기 시작했고, 학생들은 참관했다. 그리고 세미나를 열어 그날 인터뷰한 내용들에 대해 토의했다. 2년이 지나는 동안 의사와 간호사를 비롯해 지역 성직자들이 참여하면서 세미나의 규모가 커지게 되었다. 처음 대학원 학생들의 과제로 시작한 죽음 세미나는 이렇게 2년 넘게 지속되어 200여 명의 환자들을 인터뷰하는 성과를 얻게 되었다. 이후 환자들이 겪은 죽음의 과정을 이론화해 '죽어가는 환자들이 겪는 다섯 가지 단계'를 체계적으로 정리한 후 1969년에는 『죽음과 죽어감에 대하여(On Death and Dying)』를 출판했다. 당시 이러한 임상적 연구는 죽음을 연구하는 학자들 사이에서는 획기적인 발표였고, 이후 많은 사람들의 죽음 연구에 큰 영향을 미치게 되었다.

『생의 수레바퀴』에서 퀴블러 로스는 "죽음을 앞에 둔 사람들은 위대한 가르침을 주는 교사"라고 말한다. 삶이 더욱 분명하게 보이는 때는 바로 죽음의 강으로 내몰린 순간이기 때문이다. 많은 사람들이 마치 모두에게 당연히 내일이 찾아올 것처럼 오늘을 살아가지만, 죽음을 앞에 둔 사람들에게는 내일의 보장이 없다. 그러기에 보다 더 솔직하게 삶에 대해 말하며 주어진 오늘 하루를 그 누구보다 소중하게 생각한다. 그들의 이야기는 우리의 삶에 큰 울림을 주는 거룩한 메시지로 전해진다.

삶의 과정에서 우리는 '준비'하는 것을 배우게 된다. 학교 갈 준비, 시험 치를 준비, 취업 준비, 결혼 준비, 엄마 아빠가 되기 위한 준비 등 다양한 준비를 한다. 준비 없이 허둥지둥 맞이하게 된다면 실패를 맛보게 될 확률이 높다. 종종 우리는 '준비할 시간이 너무 짧다'라는 말을 하곤 한다. 그래도 언젠가 보충할 시간도 있고, 실패를 거울삼아 보다 큰일을 이루기도 한다. 하지만, 인생이 짧다는 것을 너무 늦게 깨닫게 되어 준비 없이 죽음을 맞이하게 된다면 만회할 기회가 없이 후회와 절망을 경험하게 될 것이다.

그러므로 퀴블러 로스는 말한다. "살라(Live)!" "사랑하라(Love)!" "웃으라(Laugh)!" 그리고 "배우라(Learn)!" 이것이 바로 우리가 이곳에 존재하는 이유이며, "지금 이 순간 가슴 뛰는 삶을 살지 않으면 안 된다"고 말한다. 왜냐하면 우리가 죽을 때의 모습은 바로 우리가 살아온 방식이 말해주기 때문이다. 퀴블러 로스는 '어떤 모습으로 죽음을 맞이할 것인가'는 바로 '내가 지금 살고 있는 모습'이라는 죽음 준비 교육의 기본적인 가치를 말해주고 있다. 이렇듯 사랑, 감사, 배려, 이해, 용서 등 삶이 전해주는 진정한 가치를 하루하루 실

천하며 늘 깨어 사는 것은 아름다운 삶의 마무리를 돕는다.

『인생 수업』에서는 이러한 삶의 가치에 대해서 잘 설명하고 있다. 그녀는 삶을 "놀이"로 표현하며 "놀이는 존재의 생명력"이라고 말한다. 하지만 사람들은 성공이라는 목표를 이루기 위해 순수한 즐거움을 경험할 수 있는 놀이를 뒷전으로 미룬다. 이러한 사람들에게 퀴블러 로스는 "지금 놀라"고 말한다. 다시 말해, 현재를 즐기라는 말이다. 죽어가는 환자들이 후회하는 것은 바로 삶을 너무나 심각하게 살았다는 것이다. 그 심각성 속에서 사랑과 용서의 기회를 놓치고 자신의 감정을 제대로 표현하지 못한 것이다.

죽어가는 사람들에게 종종 제기되는 이슈는 사랑과 용서에 관한 것이다. 그래서 그런 것일까? 많은 사람들이 꿈꾸는 이상적인 죽음은 가정에서 가족들에게 둘러싸여 조용히 임종을 맞이하는 것이다. 살면서 말하지 못했던 사랑의 인사를 전하고, 미안함과 고마움을 표현하고 싶기 때문일 것이다. 그러기에 퀴블러 로스는 "삶이라는 여행을 하는 동안 사랑하는 법을 배우라"고 조언한다. "누군가 옆에 있다는 것은 사랑에서, 삶에서, 그리고 죽음의 순간에서도 가장 중요한 것"이라고 강조한다.

『어린이와 죽음』은 죽어가는 아이들이 남긴 소중한 삶과 죽음의 지혜를 다루고 있다. 부모와 아이들의 증언을 통해 죽음은 새로운 세계로 나아가는 큰 변화임을 확신한다. 아이들이 경험한 죽음은 두려움이 아니라 오히려 남겨진 부모들을 위로하는 평안한 과정이었다. 그렇기 때문에 죽음을 두려워하거나 슬퍼할 필요가 없고, 사는 동안 사랑을 배우고 베푸는 삶을 살아야 한다고 강조한다. 퀴블러 로스는 "죽음은 마지막 성장의 단계"라고 했다. 즉, 죽음은 끝이 아니며 삶의 과정이며 완성이라는 말이다. 또한, 육체는 인간의 영혼이 깃든 장소이며, 이 땅에 사는 동안 자신을 표현하는 데 쓰도록 배당된 형체에 지나지 않는다고 본다.

죽음은 마치 애벌레가 누에고치에서 벗어나 나비가 되는 것처럼 새로운 형체로의 변화이며, 자유로이 본향으로 돌아가는 것이라고 표현한다. 그녀의 장례식에는 이를 기리기라도 하듯이 참석자들은 미리 받은 종이봉투에 담긴 나비들을 한꺼번에 날리며 파란 하늘을 날아오르는 나비들로 수놓았다. 우리 모두는 언젠가 반드시 죽는다. 죽음은 삶의 끝이 아니다. 고치를 벗고 새로운 영혼의 세계에서 다시 만날 것이라는 소망은 남은 자들에게 큰 위로가 된다.

5장 죽음 준비 교육

죽음의 공론화와 죽음 준비 교육

얼마 전, 고등학교 동창의 어머니가 돌아가셔서 지방으로 조문을 간 적이 있다. 친구 두 명을 내 차에 태우고 운전을 하고 갔다. 장례식장에서 두어 시간을 머물다 집으로 돌아오는 길에 잠깐 휴게실에 들렀다. 커피를 한잔 마시며 이야기를 나누는데 한 친구가 "동전 던지고 왔어?"라고 묻는다. "무슨 동전?" "그걸 어디다 던져?" "왜 던져?" 하는 나의 질문에 다른 친구도 그걸 모르냐며 웃는다.

예로부터 초상집에 갔다 나오면서 동전을 던지는 민간 풍습이 있다고 한다. 문을 나설 때 귀신이 따라붙는데, 그때 동전을 옆으로 던지면 따라오던 귀신이 동전을 줍기 위해 한

눈을 팔게 되어 따라오지 않는다는 것이다. 나는 친구의 설명을 듣고 크게 웃었다. 장례식에 다녀오면 귀신이 붙어서 액운을 가져다준다고 믿는 것도 그렇고, 실제 동전을 던지고 왔다는 친구의 말에 웃음이 나왔다. 더불어 우리 사회는 아직도 죽음에 대한 기피와 공포가 자리하고 있다는 것을 느낄 수 있었다.

지금이야 죽음에 관해서 이야기하는 것이 낯설지 않지만, 10~20년 전만 해도 죽음을 거론한다는 것은 종교나 철학적인 차원에서가 아니면 쉽지 않았다. 우리나라 문화는 죽음을 기피하는 경향이 있다. 죽음이라는 말을 입에 담는 것을 꺼리고, 애써 외면하려고 한다. 숫자 4가 죽을 사(死)자와 발음이 같기 때문에 건물이나 엘리베이터 층수를 표시할 때 영어로 F라고 쓰는 것만 봐도 얼마나 죽음을 기피하고 있는지 알 수 있다. 죽음에 대해서 이야기하면 "재수 없게 그런 얘기는 왜 하냐?"고 말하기도 한다. 그러다 보니, 죽음에 대해서 진지하게 사색하는 사람들도 많지 않았다.

우리나라 최초의 죽음 교육 전문기관인 각당복지재단 산하 '삶과죽음을생각하는회'는 죽음학이라고 하는 말이 낯설게 느껴졌던 시절인 1991년에 창립되었다. 죽음이라는 말을 꺼내기도 힘들었던 그 시절에 죽음 관련 세미나와 강연회를

시작으로 한국사회에 죽음 담론을 공론화했다. 또한, 죽음 준비 교육 지도자 과정을 개설하고 강사양성을 하면서 전국적으로 죽음 교육이 확산되는 데에 이바지했다. 현재도 많은 분들이 죽음에 대해 배우고 강사로 활동하기 위해 전국에서 찾아온다.

그럼에도 '죽음 준비 교육'이라는 이름으로 죽음을 교육한다는 것이 일반인들 사이에서는 여전히 낯선 게 사실이다. 어떤 단체에서는 죽음이라는 말 대신 "생사"라는 말을 쓰거나 "웰다잉"이라는 말로 죽음에 대해서 이야기한다. 일반인들에게 죽음 거부를 최소화시키고 친근히 다가서기 위한 노력이라 생각한다. 최근에는 대부분의 노인복지관에서 웰다잉 강의가 인기를 끌고 있다. 이에 따라 웰다잉 전문강사들도 늘고 있으며, 프로그램도 다양화되고 있다. 이제는 과거와 달리 죽음 교육이 많이 확대되어 있을 뿐 아니라, 죽음에 대한 사색과 연구도 많이 발전되었음을 알 수 있다.

이제는 '죽음을 말하지 못하는 사회'에서 '그나마 죽음에 대해 말하기 시작한 사회'가 되었다고 볼 수 있다. 그런 의미에서 우리 사회는 아직 '죽음을 있는 그대로 말할 수 있는 사회'는 아니다. 그렇다면, 죽음과 더욱 친숙해지기 위해 죽음 준비 교육은 어떤 내용들을 담고 있어야 할까? 알폰스 디켄 박사의 15가지 죽음 준비 교육의 목표에 대해서 다루었는데, 간추려 본다면 세 가지로 분류해볼 수 있다.

첫째, 우리는 죽음이 어느 누구도 피할 수 없다는 사실을 인식하면서, 우리에게 주어진 제한적인 삶 안에서 어떻게 살 것인가에 대한 바른 가치관을 정립할 수 있다. 죽음에 대한 철학적 탐구와 종교의 가르침을 통해 배울 수 있으며, 이를 통해 생명의 존엄성과 삶의 가치를 깨닫고, 주어진 삶을 의미 있게 보낼 수 있다.

둘째, 우리는 살아가면서 주변 사람들이 세상을 떠나가는 것을 보게 된다. 특별히, 우리가 사랑하는 가족들을 먼저 보내게 될 때가 있다. 죽음 교육을 통해, 우리는 사랑하는 사람을 잃었을 때 겪게 되는 비탄의 과정에 대해서 배울 수 있다. 이러한 배움은 우리가 겪게 될 상실의 고통을 잘 이겨낼 수 있도록 도울 뿐 아니라, 상실로 인해 고통당하는 주변 사람들을 돌보는 데에도 도움이 될 수 있다.

셋째, 죽음과 관련된 윤리적, 법적인 문제를 배운다. 윤리적인 문제는 자살, 낙태, 안락사, 품위 있는 죽음에 대한 논의

이며, 법적인 것은 죽음판정, 뇌사, 장기기증, 시신 기증, 유언서 작성 등에 관한 것이다. 이러한 배움을 통해, 실제 상황에 부딪히게 될 때 일어날 수 있는 문제들을 미리 생각해볼 수 있을 것이다. 이와 더불어 호스피스와 사전연명의료의향서에 대해서 알게 된다면, 자기 죽음에 대한 실제적인 준비에 도움이 될 수 있다.

그렇다면, 죽음 준비 교육의 대상은 누구인가? 누구에게 죽음 준비 교육이 필요한가? 두말할 필요 없이 '모든 사람'에게 필요하다. 죽음 준비 교육은 생명에 대한 이해를 바탕으로, 모든 인간에게 주어진 삶을 더 풍요롭고 의미 있게 살도록 돕기 위한 교육이다. 죽음 준비 교육이라는 것이 죽어가는 환자에게만 국한된 것이라면 이는 조금 늦은 일일지도 모른다. 물론, 말기 환자, 특별히 호스피스 환자에게는 삶과 죽음을 바라보는 가치관의 폭을 넓혀주고, 긍정적인 의미에서 죽음을 받아들이는 태도의 변화를 주는 것도 중요한 일이다. 하지만, 의식이 분명하고 건강할 때 죽음 준비 교육을 할 수 있다면, 더 풍성하고 아름다운 삶을 영위하는 것을 도울 수 있을 것이다.

특별히, 죽음 준비 교육은 사랑하는 가족을 잃고 슬퍼하는 사람들을 돕기 원하는 봉사자들을 위해 필요하다. 인간은 누구나 죽는다는 것을 다른 말로 표현한다면, 인간 모두는 언젠가는 사랑하는 사람을 잃게 된다는 말이다. 모든 사람이 자신이 죽지 않을 것처럼 현재를 살아가는 것처럼, 많은 사람들이 자신 주변의 사람들도 죽지 않을 사람인 것처럼 함께 살아간다. 예견된 죽음이건 갑작스러운 죽음이건 간에 사랑하는 사람의 죽음은 충격이고 슬픔이다. 아무리 죽음 준비 교육을 받은 사람도 상실로 인한 충격과 고통, 절망과 슬픔, 외로움 등의 감정은 피할 수 없다. 그래서 죽음 준비 교육은 남겨진 가족들을 도울 수 있는 교육을 포함해야 한다.

삶과죽음을생각하는회를 통해 우리 사회에 죽음 이야기를 시작한 지 어느덧 30년이 흘렀다. 한국인의 정서와 문화 속에 깊이 뿌린 박힌 죽음 금기 현상도 이제는 죽음을 마주하려는 분위기로 서서히 바뀌고 있다. 사실, 유교 문화가 한국인의 삶의 방식에 영향을 주긴 했지만, 한국인의 생사관에 가장 큰 영향을 미친 것은 불교이다. 그런데 불교 문화가 죽음을 기피 하도록 가르친 것은 아니다. 오히려 불교의 가르침은 살아있을 때 끊임없이 죽음의 문제를 성찰할 것을 강조한다. 불교 문화 연구의 전문가인 구미래 박사가 쓴 『존엄한 죽음의 문화사』를 보면 삶 속에서 죽음을 돌아보며 살아야

함을 일깨우는 '세 사람의 천사'라는 일화가 나온다.

생전에 나쁜 일을 많이 하다가 죽어서 지옥에 떨어진 죄인에게 염라대왕이 물었다.

"너는 어찌 그리 탐욕스럽고 이기적인 일생을 살아왔느냐! 세상에 있을 때 세 사람의 천사를 만나지 못하였더냐?"

"대왕님, 제가 그런 훌륭한 분들을 만났다면 왜 생전에 뉘우치고 참회하지 못하였겠나이까."

"그렇다면 주름이 많고 허리가 구부러지고 기운이 없어 걸음과 말씨도 느린 사람을 보지 못했느냐?"

"그런 노인이라면 얼마든지 보았습니다."

"너는 그 천사를 만나고서도 '나도 언젠가는 저렇게 늙어 갈테니 서둘러 선행을 쌓아야겠구나' 하는 생각을 하지 않아 오늘의 이 업을 받게 된 것이다. 너는 또한 혼자서 일어서지도 걷지도 못하고 누워서 앓고 있는 측은한 이를 보지 못하였더냐?"

"그런 병자라면 수도 없이 보았습니다."

"너는 그 천사를 만나고서도 언젠가는 너 자신도 병들게 된다는 것을 생각하지 못한 채 눈앞의 탐욕에만 집착한 어리석음으로 지옥에 오게 된 것이다. 마지막으로 너는 네 주위에서 호흡이 끊어진 채 무덤 속으로 들어가는 사람들을 보지 못하였더냐?"

"죽은 사람이라면 무수히 보았습니다."

"너는 죽음을 경고하는 천사를 만났으면서도 스스로 돌아
보고 반성하는 일을 게을리했기에 이 업을 받게 된 것이다. 자
기가 지은 업의 인과응보를 대신해주는 이는 없느니라."

세 명의 천사는 우리의 일상에서 만날 수 있는 귀한 선생
님들이다. 인간은 모두 나이가 들고, 병들고, 언젠가 죽음을
마주하게 된다. 이러한 사실을 인지한다면 현재의 삶을 더
풍요롭게 살고, 생의 아름다운 마무리를 준비해야 함을 깨
닫게 될 터이다. 위의 일화는 바로 그것을 가르쳐 주고 있
다. 이처럼 불교의 가르침은 우리의 삶을 더 적극적이고 바
람직하게 살아가도록 안내하고 있다. 이것이 죽음 준비교육
이다. 죽음을 두려움과 회피의 존재로 볼 것이 아니라, 삶과
죽음이 본디 하나의 몸을 이루었던 동일한 실재라는 사실
을 깨닫고, 오늘의 삶 속에 좋은 죽음을 위한 준비를 해나가
야 할 것이다.

발달 단계별 죽음 인식과 죽음 준비 교육

죽음에 대한 두려움은 누구나 느끼는 감정이다. 어른과 마
찬가지로 어린이도 자신의 죽음을 맞이하게 되거나 가까운
사람의 죽음을 마주하게 될 때, 여러 가지 감정을 느끼게 된
다. 불안함, 죄책감, 버려지는 느낌, 분노와 같은 감정이 바로
그러한 예이다. 보통 어린이들은 조부모의 죽음을 가장 먼저
보는 경우가 많겠지만, 가까운 친구의 죽음이나 부모의 죽음
을 경험하기도 한다. 만일 초등학령기에 이러한 경험을 하게
된다면 그들의 감정은 더욱 복잡해진다. 왜냐하면 그들은 아
직 죽음은 되돌릴 수 없는 자연 현상이라고 하는 인지적 이
해가 덜 발달되었기 때문이다.

현대 사회에서 어린이들은 텔레비전이나 게임 등을 통해 죽음을 접하는 비중이 높아지고 있다. 뿐만 아니라 아이들은 가까운 사람의 죽음을 실제로 볼 수 있는 기회가 거의 없다. 게다가 어른들과 죽음에 대해 진지하고도 의미 있는 대화를 나누는 것도 힘든 것이 현실이다. 어른들은 아이들과 죽음에 대해 이야기 나누는 것을 회피한다. 실제 죽음이 일어났을 때도 진실을 감추려는 경향이 크다. 하지만 회피하거나 감추려는 어른들의 태도는 아이들의 죽음에 대한 올바른 가치관 형성을 방해한다.

피아제의 인지발달에 비추어보면, 영아기(1~2세)는 죽음에 대한 직접적인 이해가 불가능하다. 유아기(3~7세)는 아직 개념적인 사고를 할 수 있는 단계가 아니다. 3~5세 정도의 아이들은 죽음을 되돌릴 수 있는 것(reversible)으로 생각한다. 즉, 죽음이 마지막을 의미한다는 것을 이해하지 못한다. 그래서 그들은 죽은 사람을 향해서 큰소리로 외치면 일어날 것이라고 생각하기도 한다. 또한, 죽음에 대한 인식은 잠을 자는 것, 움직이지 못하는 것, 어디론가 여행을 떠나는 것으로 생각한다.

초등학령기(8~12세) 아이들은 죽음을 비가역적, 영구적, 보편적이라는 것을 이해하게 된다. 하지만, 아직은 죽음에

대한 논리적인 사고를 하기보다는 두려움을 갖기 시작하며, 죽음이 자신에게도 일어날 수 있다는 생각을 하게 된다. 혼자 있는 것을 무서워한다든가, 침대 밑에 뭔가 있을 것 같다는 생각에 두려움을 갖기도 한다. 후기 초등학령기 아이들은 보다 구체적으로 죽음에 대해서 이해하게 된다. 가령, 죽음은 심장박동이나 뇌의 기능이 멈춰서 생기는 현상이라는 것을 이해하게 된다. 이 시기에는 죽음은 최종적이며, 다시 회복 불가능하다는 것을 안다.

피아제의 인지발달 이론에서 아이들은 13세 이상이 되면 어른들과 같은 인식이 형성된다고 말한다. 하지만, 청소년기 아이들이 갖는 죽음 인식이 꼭 어른들과 같다고 말할 수는 없다. 청소년들은 죽음을 직접 보거나 장례식에 참여하는 등의 많은 경험을 하지 않았기 때문에 죽음은 자신과 동떨어진 것이라고 생각하기 쉽다. 반면, 청소년들은 인간의 삶과 죽음에 관해 철학적이며 추상적인 생각을 하게 된다. 이들은 죽음에 대한 두려움을 극복하는 방법으로 자신은 죽지 않는다는 믿음을 스스로에게 심기도 한다. 그래서 죽음에 도전이라도 하듯이 위험을 감수하는 행동들을 가리지 않고 하기도 한다.

청소년기는 죽음에 대한 개념적인 이해보다 실제 사별을

비롯한 상실 경험을 어떻게 다루느냐가 중요하다. 질풍노도의 시기라고 말하는 청소년기에 겪게 되는 상실은 앞으로의 삶과 죽음개념을 형성하는 데에 지대한 영향을 미친다. 뿐만 아니라 삶의 의미와 가치를 형성하는 데에도 결정적이다. 학교폭력과 비행 청소년에 관한 대부분의 연구를 보면, 문제를 일으키는 학생들은 부모로부터 올바른 양육을 받지 못한 것이 그 원인 중에 하나라고 말한다. 즉, 청소년들의 폭력 문제는 부모들의 무관심, 부모의 이혼, 한부모 아래 성장하거나 조부모 밑에서 자란 아이들이 제대로 교육을 받지 못했기 때문에 생기는 문제라고 평가하곤 한다. 하지만 나는 이러한 환경적인 문제가 본질적이라고 보지 않는다.

자세히 살펴보면, 부모의 이혼 문제는 관계적인 상실이다. 한부모 아래에서 자랐다는 것은 이혼 혹은 아빠나 엄마를 사별한 경우일 수 있다. 조부모 밑에서 자랐다는 것 또한 유사한 원인으로 볼 수 있다. 더불어 이러한 관계적 상실로 인해서 아이들은 정신 내적인 문제, 즉 자존감 상실, 꿈의 상실, 정체감 상실 등을 경험하게 된다. 모든 상실에는 애도가 필요하다. 부모의 이혼이나 죽음을 경험했을 때, 학교 선생님이나 상담사가 제대로 다뤄주지 못한 그들의 분노와 슬픔의 감정이 비정상적인 방법으로 분출될 가능성이 크다는 말이다.

그러므로 초등학교 때부터 선생님들은 상실을 경험한 아이들을 다루는 데 있어서 특별한 관심이 필요하다. 상실로 인해 드러나는 여러 가지 감정들과 행동들을 이해하고 잘 다뤄주어야 한다. 또한, 자연스럽게 표현하도록 돕는 것이 중요하다. 학교는 학생들이 가장 많은 시간을 보내는 곳이며, 사회성을 형성하는 장이기 때문에 선생님들은 상실을 경험한 학생들이 어떠한 반응을 보이는지에 대해서 알고 있어야 한다.

예를 들어, 학교에 출석하는 것을 힘들어한다든지, 학업에 집중을 못한다든지, 숙제를 다 하지 못한다든지, 기억력이 저하되는 등의 태도를 보일 수 있다. 이러한 현상은 애도하는 아이들이 보일 수 있는 일반적인 반응이므로 선생님들은 이러한 반응들을 이해하고 잘 돌봐주어야 한다. 더불어, 상실을 경험한 아이들은 잠을 잘 이루지 못한다든가, 밤에 자주 깬다든가, 악몽을 꾸거나 일찍 일어나는 등의 반응을 보이기도 한다. 선생님들은 이러한 현상을 경험하는 아이들이 학교에 와서 피곤해하는 모습을 보일 것이라는 것도 이해하고 있어야 한다.

특별히, 발달과정 중에서 상실의 고통과 슬픔이 치명적 외상으로 남는다면 심리적인 연결과 자아발달에 큰 영향을 미치게 된다는 것을 기억해야 한다. 아이들의 상실과 그로 인해 생기는 감정과 갈등을 잘 이해하는 것은 참으로 중요하다. 그럴 때 아이들에게 바른 죽음 인식과 삶에 대한 이해를 심어줄 수 있을 것이다. 더불어 교사와 종교 지도자들은 아이들의 발달에 따른 죽음에 대한 이해를 통해 효과적으로 상담해 청소년 시기에 중요한 건강한 자아 정체감 형성을 도울 수 있을 것이다.

노년기와 죽음 준비 교육

죽음 준비 교육은 어린아이부터 노인에 이르기까지 전 연령기에 해당하는 교육이다. 하지만, 노년기에 죽음 준비 교육이 더욱 필요한 것은 노인은 자기 죽음이 임박했다는 것을 잘 알고 있기 때문이다. 자신이 죽을 것이라는 사실을 늘 인지하고 사는 것은 아니겠지만, 자신의 육체적 기능 상실 또는 주변 가까운 사람들의 죽음 등을 통해 확인하기도 한다. 그러면서도 지금까지 지내왔던 일상이 지속되리라는 생각을 가지고 살아간다. 이러한 정서적 긴장은 노인들을 불안과 초조, 분노와 절망에 빠지게 하고, 때로 노년기의 삶이 무의미하다고 느끼게 만든다.

에릭슨(Erickson)에 따르면, 노년기는 심리발달 단계의 마지막인 자아통합을 이루는 시기이다. 이 시기에 노인들은 자기 죽음을 직면하면서 살아온 삶을 되돌아볼 수 있는 기회를 갖는다. 이때 자신의 삶을 의미 있는 삶이라고 받아들이고 만족감을 느낀다면 자아통합을 이루는 데에 가까이 갈 수 있다. 하지만 자신의 삶을 가치 없고 무의미하게 느끼고 지나온 삶에 대한 후회로 시간을 보낸다면 심한 절망감을 경험하게 된다. 또한, 지나온 삶이 다시는 경험할 수 없는 소중한 순간이었다는 것을 깨닫게 되면서 절망감은 더한다.

인간은 누구나 정해진 시간 안에 주어진 단 한 번만의 삶을 살아간다. 시간이 많다고 느껴지는 젊은 날에는 잘 깨닫지 못한다. 하지만, 주어진 시간이 가까워졌다고 느끼는 노년기에는 인간의 삶과 죽음의 문제가 결코 피할 수 없는 이슈로 다가오게 된다. 그러기에 결코 죽음을 외면하거나 회피하지 않고 직시하면서 자신의 삶을 정리할 줄 아는 지혜가 필요하다. 노년기에 죽음 준비 교육이 더욱 필요한 이유를 세 가지 차원에서 제시해본다.

첫째, 죽음에 대한 솔직한 논의가 필요하다. 죽음은 누구에게나 두렵고 피하고 싶은 현실이지만, 결국 누구나 맞이하게 된다. 노인들은 죽음에 더 가까운 나이에 있으며 죽음을 직면해야 하는 시기다. 그러므로 회피하려는 태도는 바람직하지 않다. 죽음에 대한 논의를 피하면 피할수록 죽음의 그림자에서 벗어나기는 더 힘들어진다. 그러므로 죽음에 대한 논의를 자기 안에 있는 내밀한 구석에서 끌어내어 모든 사람들이 함께 살아가는 현실의 한복판으로 가져와야 한다. 죽음을 드러내놓고 이야기하는 솔직한 분위기가 필요하다. 다른 노인들과의 대화를 통해 자기 죽음에 대한 태도를 성숙하게 해야 한다. 자신의 죽음 이해를 이야기할 수 있다면 죽음뿐 아니라 삶도 밝아질 것이다.

영국은 죽음의 질 국가 순위에서 1위를 차지했다. 우리나라는 40개국 중 32위이다. 영국에는 '죽음 알림 주간(Dying Matters Awareness Week)'이 있다. 매년 5월이면 다양한 죽음 관련 행사가 열린다. 그중에는 데스카페(Death Cafe)도 있다. 죽음이라는 주제에 대해서 거리낌 없이 이야기 나누는 곳이다. 이를 통해 죽음에 대한 이해를 돕고 인식을 변화시킬 수 있는 좋은 자리이다. 더불어 죽음에 대한 논의를 위해 죽음을 이해하는 방법을 배우는 것이 좋다. 철학, 문학, 예술, 종교, 의학 등 다양한 분야에서 죽음에 대해서 어떻게 이해하는지를 배움으로써 죽음에 대한 사색과 수용을 도울 수 있다. 특별히 종교에서 말하는 죽음을 이해하고, 기독교적인 죽음관을 바로 세우는 것은 신앙적인 차원에서 죽음을 받아들일 수 있는 기회를 제공한다.

둘째, 노인은 신체적, 정서적, 성격적, 사회적인 변화를 급격하게 경험한다. 특별히 신체적 기능의 약화는 노인들에게 좌절감을 안겨준다. 노년기에 건강하게 살다가 병치레하지 않고 죽음을 맞이하는 것이 많은 노인들이 선호하는 죽음이다. 하지만, 현실은 그렇지 않다. 노인들은 대체로 오랜 병환 끝에 죽음을 맞이한다. 긴 세월 동안 지병에 시달리는 경우 노년은 지루하고 암울한 삶이 된다. 누구도 자신의 건강을 장담할 수 없다. 자신이 자기의 주인일 수 없는 때가 노인의 마지막 정황인 것이다. 그러므로 의식이 분명하고 신체적으로 건강할 때 자신의 삶을 정리하는 시간을 갖는 것은 노년기 삶의 지혜이다.

정리해야 할 것들 중 하나는 물질적인 것이다. 이러한 문제를 분명하게 정리하지 않으면 자손들의 갈등으로 이어지는 경우가 많다. 이는 가족 관계 안에서 오랫동안 사랑하며 살아온 사람들에게 해를 끼치게 되며, 원망과 질책의 대상이 된다. 물론 정리할 것이 재산에 관한 것만이 아니다. 개인

죽음의 품격

의 일대기를 정리하는 자서전을 통해 삶을 돌아보며, 자신의 삶에 대한 가치에 대해서 남기고, 삶의 관계 안에서 얽힌 문제도 풀어야 한다.

유언서에 쓸 수 있는 것은 1)인생을 정리하며 스스로에게 하는 말, 2)인생을 정리하며 하나님께 드리고 싶은 말, 3)사랑하는 가족들에게 남기고 싶은 말, 4)장례절차 혹은 유품정리에 관한 말, 5)누구에게든지 무슨 일이든지 꼭 하고 싶은 말을 담을 수 있다. 유언서 작성을 통해서 재산에 대한 것을 쓸 수도 있지만, 자신이 남기고 싶은 말들과 영적인 유산에 대해서 작성하는 것이 좋다.

셋째, 정든 사람들과의 이별은 죽음을 맞는 노인들을 가장 가슴 아프게 한다. 아내나 남편, 자식이나 부모, 사랑하는 친구와 동료, 이 모든 관계를 단절하고 떠나야 한다. 그러므로 서로 위로하고 화평을 나누면서 감사와 행복을 공유할 수 있어야 한다. 아직 의식이 있고 몸이 건강할 때 이 일을 해야 한다. 그나마 주변에 사랑하는 사람들과 평소에 나눌 수 있는 사랑과 감사가 위로가 될 수 있다. 하지만 원한의 감정으로 인해 불편한 관계를 가진 사람과는 그렇지 못하다. 불편한 마음으로 마지막 시간을 보내고 떠날 수는 없다. 죽음은 화해할 수 있는 시간을 허락하지 않는다. 죽음을 앞두고 용서를 구하려 한다면 늦을 수도 있다. 평소 사랑을 말하고 살아가는 것처럼 용서와 화해도 미루지 않는 것이 좋다. 용서와 화해는 죽음 이전에 해야 할 중요한 일이다.

죽음 준비 교육은 삶의 교육이다. 이는 어떻게 삶을 살아야 아름다운 마무리를 할 수 있는지에 대한 삶의 실천이라고도 볼 수 있다. 그러기에 매일의 삶 속의 작은 실천들을 통해 죽음을 준비할 수 있다. 매일매일 몸과 마음을 깨끗이 하는 삶, 다른 사람의 요구에 즉각적으로 응답하는 일, 지금 할 일을 미루지 않는 것, 자원봉사 활동, 새로운 일에 도전하기 위한 버킷리스트(예를 들어, 악기 배우기, 다른 나라 언어 배우기, 세계여행, 명소기행 등)를 작성하는 것도 죽음을 준비하고 삶을 의미 있게 만드는 방법일 수 있다.

용서와 회복

    살다 보면 크든 작든 억울한 일을 경험하게 마련이다. 어떤 경험은 그저 시간이 지나면 잊게 되거나 가볍게 넘겨 버린다. 누군가 돈을 빌렸는데 안 갚는다 하면 억울하지만 잊어버리기도 한다. 하지만, 큰 액수라면 그럴 수가 없다. 잠을 이루지 못하고, 찾아가고, 전화하고, 그러다가 결국에 못 갚는다는 사실을 알게 되면, 돈은 둘째 치고, 그를 어떻게 해야 하는가? 법적으로 고소를 하더라도, 감정적인 부분이 남아 그를 용서해야 하는지의 문제가 남는다. 또한, 누군가 고의로 내게 상해를 입혔다고 생각해보자. 아니, 고의가 아니라도 음주운전자 때문에 사고가 나서 내 곁에 있던 사랑하는 사람이 목숨을 잃었다고 생각해보자. 그를 향한 분노의 마음이 생기고 보복하고 싶은 마음이 생길 것이다.

가정에서 일어나는 용서의 문제는 특별히 여성들을 힘들게 만든다. 우리 사회는 여성이기 때문에 당하는 부당한 일들이 많다. 가정의 평화라는 명목 아래 용서를 강요받는 경우가 허다하다. 나는 중장년 학생이 많은 대학에서 용서와 회복 상담을 가르치고 있다. 40~50대 여성들의 경우 가부장적 가정에서 자라나면서 아버지에게 받은 학대와 폭력의 경험을 비롯해 여성이기에 당했던 피해와 차별로 인해 부모를 원망하고 용서하지 않겠다고 결심까지 한 사람들이 더러 있다. 하지만 시간이 지나면서 부모님을 조금이라도 이해하게 되거나 나이가 들어 힘없는 부모를 볼 때 복수의 마음이 사그라졌다는 고백을 하곤 한다.

가족 간에 발생하는 용서의 문제는 '가족'이라는 특수성 때문에 사실 복잡하고 다루기가 싶지 않다. 우리의 일상에서는 부당한 일로 인해 생기는 분노와 그로 인한 용서의 문제가 많이 일어난다. 이때 우리가 결정할 수 있는 것은 무엇인가? 두 가지뿐이다. 용서하거나 보복하거나이다. 하지만, 보복은 또 다른 보복을 낳는 악순환이 계속되기에, 그냥 묻어두고 지내는 일이 허다하다. 이러한 인간의 삶 속의 갈등과

원한의 문제를 어떻게 해결해야 할 것인지에 대해서 다루는 것이 용서와 회복상담이다.

흔히 '용서'라는 말 뒤에는 '화해'라는 말이 뒤따른다. 하지만 용서와 회복 상담을 가르치면서 강조하는 것은 '화해'는 피해자의 몫이라는 것이다. 화해는 할 수도 있고 안 할 수도 있다. 먼저 전제가 되어야 할 것은 피해자의 몸과 마음의 '회복'이다. 부당한 일로 인해 마음에 남겨진 상처의 치료가 우선이다. 그렇지 않은 상태에서는 용서를 이야기할 수도 없다. 그래도 살아가기 위해서 주변에서 말하는 "그냥 잊으라"는 말은 잘못된 용서의 첫걸음을 딛게 만드는 것이다.

용서를 소재로 한 영화들이 많이 있다. 그중에 영화 「오늘」(감독 이정향, 2011)은 진정한 용서에 대한 의미를 새겨 볼 수 있는 영화이다. 영화는 뺑소니 사고로 약혼자 상우를 잃은 다혜의 이야기를 중심으로 진행된다. 다혜는 약혼자를 죽인 소년범을 용서하고 탄원서까지 써주면서 그가 사면되도록 돕는다. 방송사 PD였던 다혜는 수녀님의 권유로 가족을 잃고도 가해자를 용서한 사람들을 찾아다니며 다큐멘터리를 찍는다.

하지만, 용서한 사람들을 찾아다니면서 그녀는 자신이 처음에 생각했던 용서라는 것이 뭔가 잘못됐다는 것을 깨닫기 시작한다. 그 과정에서 약혼자를 죽인 그 소년이 사고 전 그의 어머니를 칼로 찌른 적이 있으며, 얼마 전에는 친구를 죽여 소년원에 들어가 있다는 사실까지도 알게 된다. 자신의 성급한 용서가 얼마나 가치 없고, 제대로 된 용서가 아니었는지, 가족들의 마음을 이해하지 못했던 자신을 탓하고, 신부님과 수녀님이 말하는 용서에 정면으로 도전하게 된다.

마지막 장면에서 다혜는 가해자의 입장에 서서 생각했던 용서가 아니라, 오히려 고통당하는 피해자의 입장에서 용서에 대한 다큐멘터리를 만들겠다고 수녀에게 말한다. 이 영화는 용서에 관해 시사하는 바가 크다. 용서는 사면이 아니다. 또한, 용서는 묵인해주는 것이 아니다. 용서는 가해자가 용서를 구하는 일이 선행되어야 한다. 누군가 용서를 구하지도 않는데 용서를 한다면 잘못된 용서가 될 수도 있다.

하지만, 용서를 구하지 않아도 용서할 수 있다. 자기 자신을 위해서이다. 가해자가 저지른 일 때문에 마음의 질병을 안고 살아가게 되는 이차적인 고통이 지속된다면 가해자가 주는 고통은 지속되는 것이다. 그러므로 가해자가 피해자의 마음을 계속해서 조정하도록 만드는 것은 지혜롭지 못하다. 그러기에 피해자 자신을 위해 용서할 수 있다. 대신 반드시 화해해야 하는 것은 아니다. 하지만, 누군가 죽어가는 사람이 용서를 구하고 화해를 원한다면 어떡할 것인가?

호스피스 전문의로 20년 가까이 환자를 돌봐온 아이라 바이오크(Ira Byock)는 『아름다운 죽음의 조건』에서 죽음을 맞이하는 환자들과 가족들 간에 가장 많이 주고받는 말은 "용서해요" "고마워요" "사랑해요" "잘 가요"라고 한다. 아무리 용서받지 못할 큰 죄를 지었더라도 죽음 앞에서 용서를 구하는 사람에게 용서를 선포하지 못한다면 마음이 불편할 것이다. 이때가 용서한다는 말을 할 수 있는 마지막 기회일 수도 있다. 가해자가 죽어서까지 피해자의 마음을 괴롭게 놔둘 수는 없을 것이다. 반대로, 죽어가면서까지 누군가를 용서하지 못하고 떠난다면 그 또한 아픈 일이다. 사람이 살면서 서로 미워하고 질시하고 배신하는 일은 없을 수 없지만, 그것을 떠안고 죽을 수는 없다.

물론, 말기 환자들의 경우는 살아오면서 가족들에게 제대로 해주지 못했던 일들에 대한 미안함과 죄책감의 표현으로서 용서를 구하는 것일 수도 있다. 이런 경우는 용서라기보다는 '이해'나 '양해'가 더 잘 어울린다. 죽음 앞에 선 이 순간은 가족 간에 풀지 못한 감정을 고백하고 화해를 이루는 거룩한 시간이다. 미안함과 고마움이 뒤섞인 채 용서라는 말로 가족들에게 못다 한 마음을 표현하고, "잘 가라" "잘 있으

라"는 말로 모든 감정을 대신하려는 환자와 가족들의 마음
을 헤아려 본다. 죽음 직전에 무언가 말할 수 있는 기회가 된
다면, 나는 무슨 말을 할 것인가? 깊이 생각해봐도 이 말밖
에 없는 것 같다. 그동안 내가 잘못한 일들을 "용서해줘" 그
리고 "고마워" "미안해" "사랑해" "잘 있어".

죽기 전에 하고 싶은 일

2017년 여름 충무아트홀에서 「비포 아이 다이(Before I die)」라는 전시회가 열렸다. 미국의 사진작가 앤드류 조지의 작품이 전시되었다. 그는 죽어가는 환자들을 인터뷰하고 그들의 마지막 모습을 사진에 담았다. 죽어가는 환자들의 모습은 여느 때와 같이 평안해 보였다. 호스피스 돌봄을 받고 있는 이들은 자신의 삶을 돌아보며 후회와 감사, 사랑의 중요성에 대해서 이야기하고 있다. 전시된 사진들 끝에는 거울이 하나 붙어 있었다. 작품 속 타인이 아닌 자신이 죽음의 주인공이 될 수 있다는 것을 알리기 위해 의도된 것이다.

숙연한 마음으로 작품을 감상하는 이들은 자신도 죽음을

맞이하게 될 것이란 생각으로 죽음을 상상해보게 된다. 나의 죽을 때의 모습은 어떨까? 많은 사람들이 가정에서, 가족들에 둘러싸여 평안히 임종을 맞이하는 것을 상상하지만, 실제로 그렇게 죽음을 맞이하기는 쉽지 않다. 또한, 죽음이 예견되었을 때 뭔가를 준비한다는 것은 조금 늦을 수도 있다. 그러니 죽음 교육은 건강히 살아가는 일상에서의 준비여야 한다. 2004년에 타계한 구상 시인은 "오늘을 영원으로 살아야 한다"는 말을 남겼다.

> "사람들은 막연히 죽음에 대한 불안과 공포를 가지고 있으면서도 죽은 후부터 무언가 영생을 시작하는 것으로만 생각하는데, 참된 의미에서 무한한 영생의 안식을 얻으려면 오늘을 영원으로 살아야지 죽은 다음부터 제대로 살려면 이미 때가 늦은 것이다."

'오늘을 영원으로 사는 삶'이란 '죽음 인지'에서 시작된다. 인간의 삶이 유한하다는 것을 깨닫고, 하루하루 삶의 중요한 가치들을 실천하는 것이다. 호주의 브로니 웨어(Bronnie Ware)라는 여성은 쳇바퀴 도는 자신의 인생 너머에 무엇이 있을까 고민하다 다니던 직장을 그만두고 한 섬으로 들어가

즐기는 삶을 산다. 인생을 즐기는 것에도 한계가 있다는 것을 깨달은 그녀는 영국에 갔다가 우연히 죽어가는 환자를 돌보는 일을 하게 된다. 그녀가 돌보던 환자가 죽게 되면서 그녀는 삶에 대한 깊은 깨달음을 얻고 자신의 고향인 호주로 돌아간다. 그리고 그곳에서 호스피스 환자를 돌보는 일을 하게 된다.

그녀는 환자들과의 대화를 통해 죽어가는 환자들이 후회하는 것들을 발견하고 『죽어가는 환자가 후회하는 다섯 가지』라는 책을 쓰게 된다. 한국에는 『내가 원하는 삶을 살았더라면』이란 제목으로 출판되었다. 제목에서 암시하는 것처럼, 죽어가는 환자들이 가장 후회하는 것은 바로, 자신이 원하는 삶이 아닌 다른 사람 혹은 사회가 기대하는 삶을 산 것이다. 그밖에 돈 버는 데 너무 많은 시간을 써서 주변 사람들을 돌아보지 못한 것, 가족들과의 시간을 보내지 못한 것, 감정을 솔직히 표현하지 못한 것, 변화가 두려워 즐겁게 살지 못한 것이 다섯 가지 후회에 포함된다.

우리는 종종 인생을 살아가면서 힘든 시기에 누군가에게 조언을 구한다. 다양한 위기의 순간에 '어떻게 극복해야 하는지' 혹은 '인생을 어떻게 살아야 하는지' 등 앞서 경험한 선배들에게 묻곤 한다. 이때 산 증인들이 인생의 끝자락에서 후회하며 들려주는 이야기들은 귀담아들어야 할 실제적인 조언이다. 지금 내가 어떤 나이에 있든지 이들의 이야기는 삶의 의미와 가치를 깨달을 수 있는 인생의 지혜를 전해준다.

요즘은 노년기를 위한 죽음 관련 프로그램 외에 청소년들과 대학생들을 위한 강의나 프로그램이 적지 않다. 그래도 아직 노년층에서 죽음 교육이 활발한 편이다. '웰다잉'이란 이름으로 진행되는 인생학교 프로그램이 노인복지관에서 유행처럼 퍼지고 있다. 죽음을 준비하기 위한 활동은 다양하다. 인생 그래프 작성하기, 자서전 쓰기, 버킷리스트 작성하기, 나의 사망기 작성하기, 유언서 작성하기, 사전장례의향서 작성하기 등이 있으며, 실제 노인복지관 프로그램에 많이 적용하고 있다. 엔딩노트, 인생노트, 웰다잉노트, 행복노트, 종활노트 등의 이름으로 위의 프로그램들을 한 권의 책 안에 담아 작성하도록 돕기도 한다.

자서전이란 자신의 삶에서 일어난 일들에 대한 회고와 반성 등을 담은 회고록이다. 자서전은 어떤 특정인만이 작성하는 것이 아니다. 누구나 자신의 자서전을 남길 수 있다. 자서전을 통해 자신의 삶을 재의미화할 수 있고, 삶의 의미를 재발견하고, 관계의 정리 및 감정을 해소할 수 있다. 최근에는 글로 쓰는 것이 아니라 '사진으로 쓰는 자서전'을 많이 활

용한다. 시간이 많이 걸리지 않고, 사진을 매개로 만들기에 더욱 생생하게 작업할 수 있는 유익이 있으며, 자녀들과 함께 작업할 수도 있다.

인생 후반기에 접어들면서 그나마 정신이 온전할 때 삶을 정리해보는 것은 인생의 지혜이다. 나의 일대기를 정리하는 자서전을 통해 삶을 돌아보고, 유언서 작성을 통해서 재산에 대한 것뿐 아니라, 남기고 싶은 유산에 대해서도 작성하는 것도 좋다. 또한, 남은 인생을 잘 정리하기 위해서는 여태껏 미루어왔던 일들 혹은 미처 생각하지 못한 일들을 잘 마무리하는 것이 필요하다. 버킷리스트를 통해 꼭 해보고 싶었던 일들의 목록을 작성하고 하나하나 이루어 보는 것은 의미 있는 일이다.

인생을 계절이나 시간으로 본다면, 나는 현재 어느 계절에 있는가? 혹은 몇 시쯤에 서 있는가? 내게 주어진 시간 동안 보다 풍성한 삶을 살기 위해서는 남은 인생을 다시 설계하고 삶의 의미를 되새기는 것이 필요하다. 그것이 바로 '오늘을 영원으로 사는 삶'의 시작이다.

6장 라르고

_____

함께하기와 추억하기의 가치

얼마 전 일이다. 애도 상담전문가 교육이 끝나고 난 어느 화요일 저녁 8시 50분경이었다. 담당 실장이 내게 조심스레 말을 꺼냈다.

"회장님, 저기요…."

"왜요?"

"천○○ 선생님이요."

"네. 천○○ 선생님이 왜요?"

"천○○ 선생님이 돌아가셨어요."

"네? 뭔 소리예요?"

2년 전 애도 상담전문가 교육을 수료하고, 상담사로 활동하시던 천○○ 선생님이 교통사고로 갑작스레 세상을 떠나셨다. 며칠 전까지도 만나 이야기 나누던 분이었다. 믿을 수가 없었다. 사실 여부를 확인하고 난 후 다가온 충격은 이루 말할 수 없었다. 운전을 하고 집으로 가는 짧은 시간에도 마음이 떨려서 운전에 집중할 수 없었다. 서둘러 상담사 단톡방에 사실을 알렸다. 사별 슬픔을 위로하고 상담하는 우리들도 서로 뭐라 말을 해야 할지 몰랐다. 그저 믿을 수 없는 사실에 충격과 놀람을 표현했다. 다음날 장례식장에 가서도 우리는 많은 이야기를 나누지 않았다.

그렇게 일주일이 지났다. 단톡방에 글이 올라왔다는 알람이 핸드폰에 울렸다. 그런데 이름을 보니 천○○ 선생님이었다. 뭐지? 죽은 사람이 글을 올렸다고? 순간 깜짝 놀랐다. 어떤 글인지 얼른 확인해보았다. 단톡방에 들어가서 내용을 확인하니, 자녀들이 감사 인사를 남긴 것이었다. 아! 핸드폰. 자녀들이 어머니 핸드폰의 단톡방을 발견한 거였구나! 아마도, 자녀들은 어머니 핸드폰의 카톡 단체방들마다 그렇게 인사를 했을 것이다. 그 생각을 하니 마음이 뜨거워짐을 느꼈다.

사실, 지인이나 친구의 부모님이 돌아가시면 장례식장에

가서 상주에게 위로를 전하는 것이 당연해 보인다. 하지만, 내가 아는 당사자가 돌아가시게 되면 장례식장에 혼자 가는 것이 쉽지 않다. 우리 속담에 '정승댁 개가 죽으면 조문객이 많은데, 정승이 죽으면 조문객이 없다'는 말이 있다. 이 말은 물론 살아있는 정승과 친분을 과시하거나 조문을 통해 눈도장이라도 찍어야 하는 세태를 풍자한 것이라고 할 수 있다. 하지만, 이런 이유가 아니더라도 사회적으로 관계하던 지인이 죽게 될 경우, 장례식장에 가는 것이 망설여지는 것이 사실이다. 영정사진 앞에서라도 그와 마지막 인사를 나누기 위함이지만, 상주도 모르고, 가봐야 아는 사람이 없을 수도 있기 때문이다. 그런 경우에는 조문을 하고 유가족들에게 위로의 손을 맞잡고 나면 바로 장례식장을 나온다. 조의금을 내면서도 '가족들이 내가 누군지 알까?' 하는 마음으로 하게 된다. 몇 번 그런 경험이 있는데 대부분 문자 인사도 오지 않는다.

그런데, 고인이 된 상담사의 자녀들은 장례식에 조문 온 분들과 더불어 어머니와 관계했던 사람들에게 그렇게 인사를 남긴 것이다. 남겨진 메시지를 보고 순간 목이 메고 눈물이 핑 돌았다. '어머니의 핸드폰!' 자녀들에게는 어머니에 대한 소중한 기억이 될듯하다. 그곳에 사진들을 비롯해 어머

니의 흔적들이 고스란히 담겨있을 테니 말이다. 시간이 지나도 그 흔적들을 지우기 쉽지 않을 것이다. 폰을 해지하고 카톡을 지우는 것이 고인과의 관계를 영원히 사라지게 만드는 것 같아 힘들 것이다. 페이스북, 밴드, 카페 등 온라인 SNS에 남겨져 있는 다른 흔적들도 마찬가지이다. 또한, 갑작스런 죽음이기에 얼마간은 그 핸드폰이 울릴 것이고 '어머니의 죽음'을 반복해서 알려야 할지도 모른다. 죽음을 상기해야 하는 순간이 괴롭다 할지라도 죽음을 말하며 전화를 건 분과 잠시라도 어머니에 대한 좋은 기억을 나누면 좋겠다.

나는 종종 이런 질문을 받는다. 사별로 인해 슬퍼하는 유가족들에게 고인의 죽음과 그 상황에 대해 다시금 꺼내어 이야기하는 것이 좋은 방법이냐는 질문이다. 여러분은 어떻게 생각하는가? 나의 대답은 명확하다. 고인에 대한 이야기가 사별 슬픔을 더하는 것이 아니라, 좋은 애도의 과정을 촉진한다고 믿는다. 오히려 유가족들은 고인에 대한 좋은 추억을 함께 나누며, 그가 남겨준 소중한 삶의 가치를 되새기고 싶어 한다. 자신이 잘 알지 못했던 고인의 미담은 애도 과정에서 고인의 대한 의미를 재구성하는 데에 도움이 된다.

세월호 사건 이후 유가족과 시민들을 위해 전문적인 심리 지원을 하고 있는 안산정신건강트라우마센터가 있다. 몇 년 전부터 상담사들과 사례 관리자 상담수퍼비전을 위해 계속해서 방문하고 있다. 얼마 전 센터에서는 유가족 아버지들을 위한 상담세미나를 내게 부탁했다. 십여 분의 유가족 아버지들이 모였다. 집단상담의 형식으로 짧은 강의를 한 후에 아버지들의 이야기를 듣는 시간을 가졌다. 나는 이때 한 아버지의 이야기를 통해 애도에 있어 소중한 가치 두 가지를 되새길 수 있었다.

첫 번째는 '함께하기'의 가치이다. 2016년 8월까지 유지되었던 '기억 교실'을 이전할 때였다. 부모들은 유품 상자 안으로 아들딸들의 유품을 옮겨야 했다. 자녀들의 흔적이 오롯이 담겨있는 교실을 내어주고, 유품을 하나하나 챙기던 그들은 참았던 눈물을 터뜨리며 오열할 수밖에 없었다. 한 아버지가 이렇게 말했다. "아들의 유품을 정리하며 눈물을 흘리고 있을 때 한 자원봉사자가 곁에 있다가 아무 말 없이 손을 잡아 주었는데, 그 손길이 얼마나 따뜻하고 위로가 되었는지 아직도 그 손길을 잊을 수가 없다." 누군가 슬픔의 현장에 함께 있어 주는 것은 그 자체로 큰 힘과 위로가 된다.

말을 하지 않아도 그 잡은 손으로 마음이 전해지는 것이다.

두 번째는 '추억하기'의 가치이다. 사람들은 대부분 무슨 위로의 말을 해야 할지 몰라 말로 실수하는 경우가 종종 있다. 유가족들의 애도 과정에서 중요한 것은 말로 자신의 감정을 표현하는 것이다. 그런 '표현하기'를 돕기 위해서는 적절한 질문이 필요하다. 적절한 질문은 좋은 애도를 돕는다. 한 아버지는 자원봉사자로부터 아이에 대한 질문을 받았다고 한다. 그 아버지는 세월호 사건 이후 단 한 번도 아이에 대해 질문하는 사람을 보지 못했다고 한다. 그 봉사자는 아이가 살아있을 때 어떤 아이였는지 아버지에게 물었다고 한다. 그 질문을 받고 아이에 대해 마음껏 이야기를 했다고 한다. 아이의 성격, 아이가 좋아했던 것, 자랐던 과정에서 인상에 남는 일 등을 쏟아 낼 수 있었다. 그 아버지는 내게 말했다. "아이에 대해 이야기하라면 아마 밤을 새워서라도 이야기할 수 있을 것이다"고 말이다.

죽은 사람에 대한 이야기를 꺼내는 것은 상실의 아픔을 드러나게 하거나 슬픔을 가중시키지 않는다. 좋았던 추억 혹은 미안했던 마음을 이야기하는 것은 슬픔을 덜어내는 데에 도움이 된다. 숨기고, 감추고, 억눌린 감정들이 오히려 문제가 된다. 심리적으로뿐 아니라 신체나 행동에 좋지 않은 영향을 미치게 된다. 누군가 내 마음을 들어줄 친구가 있다면 그에게 마음을 열어보자. 시간이 많이 지나 새롭게 올라오는 감정들, 고인에게 새로 발견한 가치들, 이후 변화된 자신의 삶 등에 대해서 이야기 나누면서 좋은 애도의 시간을 보내면 좋겠다.

라르고 : 슬픔의 두 가지 특성

중학교 음악 시간에 배운 빠르기말이 있다. 악보를 보면 대개 첫 마디 위 악상 기호와 함께 빠르기말이 표기되어 있다. 첫 마디뿐 아니라 곡 중간에 빠르기가 변할 때도 쓰인다. 빠르기의 속도로 보면 가장 느린 표현은 라르고(largo)이다. 아다지오(adagio)는 '느리게', 안단테(andante)는 '걷는 속도로 천천히', 모데라토(moderato)는 '보통 빠르기로', 그리고 알레그레토(allegretto)는 '약간 빠르게' 연주하라는 의미의 표현들이다. 슬픔에도 빠르기가 있다면 어떤 빠르기말을 사용할 수 있을까? 사별 이후 겪게 되는 슬픔은 일반적으로 '걷는 속도로 천천히'라는 표현의 안단테도 어울릴 것 같지만, 사실은 라르고가 가장 적절한 표현이라고 생각해본다.

이탈리아어로 라르고(largo)는 라틴어 라르구스(largus)에서 나온 말로 '폭넓게' '느릿하게'라는 뜻을 지니고 있다. 동시에 라르고는 '표정을 아주 풍부하게' 연주하라는 뜻도 포함되어 있다. 그러기에 라르고는 슬픔의 두 가지 특성을 내포하고 있다. 첫째, 슬픔의 과정은 급히 해결되는 것이 아니다. 슬픔의 특성 중 하나는 독특함이다. 사람마다 겪는 기간과 강도가 다르다. 또한, 생각보다 긴 영혼의 광야와 같은 복잡하고 힘든 과정을 보낸다. 둘째, 슬픔(grief)은 단순히 '슬픈(sad)' 감정이 아니라, 외로움, 죄책감, 후회감 등 모든 감정을 포함한 슬픔 혹은 비탄이다. '표정을 풍부하게'라는 라르고의 뜻처럼 애도의 과정도 마찬가지다. 마음속에 있는 감정들, 숨겨지고, 억눌려진 다양한 감정들을 풍부히 표현해야 한다.

사별 애도의 과정에 있어서 감정표현은 두말할 나위 없이 중요하다. 최근 어머니를 상실한 50대 초반의 남성을 상담한 적이 있다. 그의 어머니는 암 진단을 받아 투병 중이었다. 암이 뇌로 전이되어 치매 증세가 나타나기 시작했고, 이제 앞으로 남은 시간은 6개월 정도라는 의사의 말을 들었다. 그런데 치매증세 때문에 암이 아닌 다른 사고로 돌아가셨다. 남성은 너무나도 허망했다. 막을 수 있었던 사고라고 생각하니 어머니에 대한 죄책감과 미안함이 몰려왔다. 6개월을 어떻게 보낼지 어머니와 계획한 모든 것들을 더 이상 할 수 없었다. 직장도 그만둔 채 어머니 간병에 전심을 다했던 이 남성은 삶의 의미 또한 잃게 되었다.

나는 내담자가 자신의 감정을 탐색하고 그 감정들을 최대한 표현할 수 있도록 도왔다. 또한, 마음속에서 맴돌고 있는 억눌려진 감정의 실체를 파악하고 이야기할 수 있는 기회를 만들어주었다. 상담이 마무리될 무렵, 남성은 내게 고마움을 표현했다. 아무에게도 이야기할 수 없는 감정들을 쏟아내니 마음이 한결 가벼워졌다고 한다. 친구들을 만나 어머니와의 사별을 이야기할 기회가 있었지만, 친구들은 단 5분도 집중해서 들어주지 않았다고 한다. 그런데 상담의 자리에서 상담자가 자신의 감정들을 잘 이끌어 표현할 수 있도록 도와주니 생각지도 않았던 감정들까지 다 표현할 수 있어서 좋았다고 한다.

가만히 생각해보면, 사실상 일상의 평범한 대화 속에서 자신의 이야기를 10분 이상 한다는 것은 거의 불가능하다. 왜냐하면 다들 자신의 이야기를 하고 싶기 때문이다. 게다가 사람들은 슬픈 이야기를 듣는 것에 익숙하지 않다. 불편하게 생각하기도 한다. 우리 사회는 슬픔을 부정적인 감정이라고 판단한다. 하지만 슬픔은 자연스럽게 일어나는 다양한 감정들 중 하나일 뿐이다. 감정은 좋고 나쁜 감정이 있는 것이 아니라, 그것을 다루는 방식에 따라 차이가 있을 뿐이다. 즉, 감정을 건설적인 방법으로 다루냐 아니면 파괴적인 방식으로 다루냐가 중요하다.

종종 내담자들이 묻는다. 자신들이 겪는 슬프고 고통스러운 감정들이 얼마 동안 지속될 것인지 궁금해한다. 상실 초기에는 이 감정에서 평생 벗어날 수 없을 것 같은 마음이 들기도 한다. 그러니 감정을 억누르고, 생각하지 않으려 하면서 시간이 지나고 벗어났다고 생각하는 사람들도 많다. 하지만, 그러한 숨겨지고, 억눌리고, 표현되지 않은 감정들은 우리의 삶에서 언제가 다른 모습으로 드러나게 되어 있다. 또한, 다른 상실을 경험할 때, 애도되지 못한 이전 상실의 경험이 더해져 더 힘든 과정을 보낼 수도 있다.

그러니 애도의 과정을 잘 보내는 것이 중요하다. 앞서 언급한 어머니를 잃은 남성이 내게 한 가지 질문을 했다. 어머니를 화장하고 재를 뿌리고 돌아오면서 약간의 재를 남겨왔

다는 것이다. 그리고 작은 단지에 모시고 식사 때마다 앞에 놓고 마치 함께 식사하는 것처럼 한다는 것이다. 그렇게 행동하는 자신이 이상한 게 아니냐고 묻는다. 누군가 그렇게 하는 사람이 있다면 자신이 보기에도 정상적이지 않다고 볼 것 같다고 한다. 나는 그에게 이렇게 말해주었다.

"좋은 애도의 과정을 보내고 있는 것 같습니다. 기왕이면, 앞에 모셔만 놓지 마시고, 식사하시면서 대화를 나누시면 더 좋을 것 같습니다. 제게 이야기했던 것처럼 어머니에게 미안한 마음을 표현하시면서 죄책감도 덜어내시고, 갑자기 돌아가셔서 마지막 인사도 못 하셨을 텐데 하고 싶은 말씀도 하시고, 감사의 인사도 전하시면 더 좋을 것 같습니다."

내담자는 편안한 마음으로 자리를 떠났다. 그렇게라도 어머니와 시간을 보내면서 자신을 많이 표현하길 기대한다. 그렇게 마음을 표현한다면, 윌리엄 워든 박사의 애도의 과업 이론에서 '사별 슬픔의 고통을 겪으며 애도 작업'하는 두 번째 과업을 훌륭히 보낼 수 있을 것이라 믿는다. 언제까지 그렇게 할 것인지는 전적으로 내담자의 몫이다. 언젠가는 감정적 재배치와 공간적 재배치의 과정을 보내게 될 것이다. '라르고.' 상실의 슬픔은 느리게, 감정을 풍부하게 표현하는 과정을 통해 좋은 애도의 과정을 보낼 수 있다.

배우자 사별과 상실

작년 봄, 한 교회에서 배우자를 사별한 사람들을 대상으로 사별 애도 집단상담을 했던 경험이 있다. 배우자를 잃은 지 평균 1년 정도 된 일곱 명을 대상으로 진행한 8주간의 프로그램이었다. 매주 2시간 반을 함께 보내며 참여자들은 각자가 경험한 사별과 감정을 나눌 수 있었다. 첫날은 자신을 소개하고, 비밀보장 등 그룹규칙 정했으며, 자신의 상실 경험을 나누는 시간을 가졌다. 그런데, 몇몇 분들이 사별 후 시간이 많이 지나서 이제야 좀 마음이 안정됐는데 다시금 그때의 감정을 꺼내 놓는다는 것에 대해 힘든 마음을 토로했다. 왜 이런 작업을 해야 하는지 의구심을 품고 있었던 것이다.

나는 이들에게 사별 애도 과정을 설명하고, 사별 슬픔은 표현됨으로 치유가 됨을 강조했다. 회기가 지날 때마다 참여자들은 자신들이 우려했던 것이 잘못된 생각임을 깨닫기 시작했다. 사별 후 시간이 지났다고 이후에 겪는 슬픔과 고통이 없어진 것이 아니라, 감춰지고 억눌려져 표현되지 못하고 있었다는 사실을 발견한 것이다. 이들은 자신의 상실을 마주하면서 누구에게도 말하지 못했던 감정들을 표현할 수 있었고, 건강한 애도의 방법이 무엇인지 배울 수 있었다. 모든 참여자들은 치유의 기쁨과 헤어짐의 아쉬움을 간직한 채 마지막 회기를 보낼 수 있었다.

어떤 시기이든 배우자를 상실하는 경험은 큰 충격이다. 평생 함께 할 것 같았던 그가 더 이상 이 세상에 존재하지 않는다는 것은 감정적인 면에서뿐만 아니라 역할과 정체성에 대한 적응 면에 있어서도 남아있는 사람을 힘들게 한다. 윌리엄 워든 박사의 애도의 과업 이론 중 세 번째 과업은 상실에 적응하는 것이다. 여기에는 외적 적응과 내적 적응이 있다. 외적인 것은 그동안 남녀가 다르게 해왔던 역할에 대한 적응이며, 내적인 것은 배우자 없이 홀로 서야 하는 자신의 정체성에 대한 적응이다. 특히 가부장적 사회에서 남편의 정체성에 의존해 왔던 여성은 홀로 된 이후 내적 적응에 어려움을 겪게 될 가능성이 크다. 또한, 자녀 양육과 경제적인 면에서 어려움을 겪을 수도 있다.

배우자 사별 슬픔에 영향을 주는 요소는 다양하다. 첫째는 배우자와의 관계성이다. 배우자에 대한 애착의 정도는 슬픔의 기간과 강도를 결정하는 데에 영향을 미친다. 서로 친밀한 관계를 유지하면서도 상대적으로 독립적인 능력과 정서적인 분리가 가능했던 경우라면, 상실 초기 슬픔의 강도는 매우 높겠지만, 시간이 지나면서 새로운 정체성을 수립할 가능성도 크다. 또한, 서로 친밀하지 못했고, 내면에 증오감이 있었던 관계라면, 배우자의 죽음은 안도감이나 해방감으로 다가올 수 있고, 배우자 죽음 이후에 새롭게 자신의 삶을 추구해 나아가게 된다. 하지만, 이런 경우 죄책감 같은 양가감정을 느낄 수도 있다. 반면에, 배우자와 친밀감이 깊고 상대에 대한 의존도가 높았던 경우라면 홀로 살아가는 일에 큰 어려움을 경험할 수도 있다.

둘째, 죽음을 둘러싼 상황이다. 예를 들어, 갑작스럽고 예기치 못한 죽음은 초기에 현실감을 찾는 데 어려움을 느낀다. 죽음에 대해 전혀 준비할 시간이 없었기 때문에 충격이 크고, 비탄과 애도의 과정이 더 길어질 수 있다. 또한, 오랜 기간 배우자의 투병으로 죽음이 예견이 된 상황이라 할지라도 어려움을 겪는 것은 마찬가지다. 오랜 돌봄으로 인해 육체적, 정신적으로 너무 소진된 상태이기 때문에 배우자의 죽음 후 애도의 과정을 겪을만한 에너지가 부족하다. 이는 애도의 과정을 지연시키는 결과를 낳는다. 또한, 장기간 병수발을 한 경우, 오랜 돌봄의 짐에서 벗어났다는 안도감을 느낄 수 있고, 이는 미안함이나 죄책감으로 이어지게 한다. 이 또한 자연스러운 감정이다. 하지만, 이러한 감정을 표현하지 못한 채 마음에 담아 두는 것은 복잡한 애도의 과정을 겪게 할 수도 있다.

셋째, 지지체계이다. 애도의 과정에는 다른 사람들의 적극적인 지지가 필요하다. 누군가 한 사람만이라도 안정된 지지를 해준다면 애도의 작업을 잘 겪어 나아가는 데에 큰 도움이 된다. 특별히, 중년 후기 혹은 노년기에는 배우자와 단둘이 생활하는 경우가 많다. 이러한 상황에서 배우자를 잃는다는 것은 앞으로 홀로 살아간다는 것을 의미한다. 그러기에 주변의 도움이 더욱 절실하다. 사실, 자녀들이 있다 해도 자신들의 생활이 바쁘기 때문에 홀로된 부모에게 더 많은 관심을 갖기 힘든 경우가 많다. 이로 인해 자녀들에 대한 실망감을 느낄 수도 있다. 그렇기 때문에 가까운 친구나 교회 등과 같은 커뮤니티는 큰 지지기반이 될 수 있다. 나아가 노년기 배우자 사별 돌봄을 위한 별도의 지속적 모임도 필요하다.

넷째, 이전 상실의 경험들이다. 가까운 과거에 부모님이나 형제자매의 죽음을 경험했거나, 건강 등 신체적 상실, 경제적 상실 등을 경험했다면 애도의 과정은 더 복잡해질 수 있다. 더구나 이전에 겪었던 상실에 대해 충분히 애도하지 못하고 지났다면, 현재 경험하고 있는 상실에 대한 애도의 반응은 더 격렬해질 수 있다. 그러기에 애도 상담에서는 이전 상실 경험을 탐색하는 과정이 필수적이다. 경제적인 기반을 상실할 수 있고, 미래에 대한 희망을 상실할 수도 있고, 친숙하게 살아왔던 집을 떠나야 할 수도 있다. 또한, 한 해에 가까운 사람 둘을 잃게 될 수도 있다. 배우자를 잃고서 이러한 다중상실을 경험하게 된다면 더 힘든 애도의 과정을 보내게 된다.

그밖에 개인의 성격특성, 남녀차이, 문화 차이도 배우자 사별 이후 애도의 과정에 영향을 미치는 요소이다. 중요한

것은 사별 이후 겪는 모든 감정들은 자연스러운 것이라는 사실을 기억하는 것이다. 또한, 이상하다고 여겨지는 부적응 행동들 역시 비탄과 애도의 과정에서 일어날 수 있다. 모든 사람은 같은 방식으로 애도의 과정을 겪지 않는다. 그러기에, 자신만의 좋은 애도의 방법을 찾는 것이 중요하며, 적절히 홀로 있는 시간을 보내고, 주변 사람들과의 만남을 지속하고, 상실 이전에 했던 활동들을 다시 하는 것도 좋다. 또한, 소중했던 사람과의 추억을 억지로 잊으려 하지 말고, 간단하게 할 수 있는 일상에서의 상징적 의례 혹은 추모를 위한 활동도 도움이 된다. 이를 통해 그 사람의 죽음과 내 삶의 의미를 새롭게 할 수 있다.

상처받은 치유자

한국에 들어와 애도 상담전문가 과정을 시작한 지 벌써 4년이 지났다. 그간 100여 명의 전문상담가를 양성했다. 1년이라는 긴 교육 과정 중에는 상담사 자신의 상실 슬픔을 다루는 시간이 있다. 이를 통해 자신의 사별 감정을 나누는 것이다. 이때 대부분의 참가자들은 자신이 겪은 상실을 새롭게 이해하고 뒤늦게나마 애도의 과정을 보내기도 한다. 이렇게 교육 과정 중 상실 경험 나눔을 필수로 하는 것은 상담자 자신이 먼저 참된 애도를 경험하는 것이 중요하기 때문이다. 또한, 상담자의 미해결된 애도의 과제는 실제 상담의 자리에서 비슷한 유형의 상실을 가진 내담자를 만나게 됐을 때 상담에 어려움을 겪을 수도 있기 때문이다.

얼마 전의 일이다. 상담사들을 위한 '상실 경험 나누기' 수업이 있는 날이었다. 한 분의 상담사가 조용히 내게 와서 말했다. 자신은 아직 상실 경험을 나누는 것이 부담스럽다는 것이다. 남편이 죽은 지 2년이 지났는데 다른 사람 앞에서 자신의 감정을 드러내는 것이 아직 많이 힘들다고 했다. 준비가 안 된 사람에게 억지로 상실 경험을 나누게 할 수는 없었기에 다음에 준비가 되면 하라고 했다.

몇 주가 지나 사별 애도 집단상담 훈련이 있는 날이었다. 집단상담 훈련은 조별로 진행이 되며, 실제 상담에 참여한 것처럼 자신의 상실 경험을 나누게 된다. 이날은 '그 사람에 대한 모든 것'을 나누는 시간이었다. 고인에 대한 추억과 그가 내게 어떤 사람이었는지 등 몇 가지 질문에 답을 해야 한다. 훈련이 시작되고 십여 분이 채 지나지 않았을 때, 다시 그분이 내게로 와서 조용히 요청했다. 자신은 도저히 질문들에 답을 할 수가 없고, 아직 감정을 나누기 힘들다며 집에 가고 싶다고 했다.

잠시 이야기를 나눈 후, 그분은 전문상담가가 되는 것을 포기한 채 자리를 떠났다. 그의 상실 경험을 듣지 못했기에 어떤 상황에 처한 것인지 알 수가 없었다. 하지만, 분명한 것은 아직까지 사별 슬픔의 고통을 마주하는 것을 회피하고 있다는 사실이다. 어떤 감정인지는 모르지만 감추고, 억눌려진, 표현할 수 없는 감정이 있는 것이다. 상담사가 되려는 사람에게 있어서 자신이 겪은 상실을 직면하고 감정을 표현하는 것은 필수적이다.

일반적으로 상담사의 길을 택하려는 사람들 대부분은 자기 상처가 있다. 그 상처를 다른 상처받은 사람들을 돌보고 치유하는 형태로 해결하려는 무의식적인 욕구가 있는 것이다. 하지만, 자신의 문제가 해결되지 못한 채 다른 사람을 상담한다는 것은 위험한 일이다. 종종 듣는 말 가운데 "상담사는 상담이 필요한 사람들"이라는 말이 있다. 상담을 받으러 갔다가 문제가 해결되기는커녕 더 상처받고 오는 경우도 있기에 이런 말을 하는 것 같다. 그러기에, 원활한 상담을 위해서는 자신의 마음 치유가 필요하다. 더군다나 사별 애도를 다루는 전문상담가들은 자신의 사별 감정을 다루는 일이 우선시되어야 한다.

마찬가지로 중대한 상실로 인해 슬픔과 고통 가운데 있는 사람들도 자신의 감정을 회피하지 않고 마주하는 것이 필요하다. 충분히 자신의 감정을 표현하지 못한 채 시간만 흐른다면 복잡한 애도의 과정을 겪게 될 가능성이 크다. 즉, 오랜 기간 사별의 고통이 지속되거나, 감정 표현이 지연되다가 우연한 계기에 다른 상실을 만나 주체할 수 없는 상황이 될 수도 있다. 또는 신체적인 문제나 부적절한 행동으로 이어질 수 있다.

자녀를 잃은 부모의 슬픔과 치유에 관한 박사학위 논문을 쓰면서 아홉 명의 부모들을 만나 인터뷰를 진행했다. 자녀들의 죽음 유형은 다양했다. 자신의 집 수영장에 빠져 죽은 아이, 바닷가에서 친구의 목숨을 구하고 자신은 나오지 못한 아이, 집에서 살해당한 아이, 말기 질환으로 인해 죽은 아이들도 있다. 죽음의 유형이 다양한 것처럼, 부모들이 겪은 슬픔의 과정도 각기 다양했다. 부부라 할지라도 똑같은 방식으로 애도의 과정을 보내지 않는다는 것도 확인할 수 있었다. 그런데, 연구결과, 그들은 몇 가지 공통된 점이 있었다. 그중에 한 가지는 이들 중 대부분은 자신의 슬픔과 아픔을 넘어서서 다른 사람들을 돕는 역할을 하고 있다는 점이다.
　이들은 상실 초기 아이가 죽은 의미와 자신의 삶의 의미를 찾기 위해 많은 시간을 보냈다. 절망과 고통 가운데 소리치고 울부짖었다. 그렇게 구하고 찾는 과정에서 그들은 변

화의 계기가 될 만한 어떤 순간을 만나게 된다. 그를 통해 회복이 시작되고 삶을 지속할 수 있는 힘을 얻는다. 또한, 자신의 경험을 이야기하는 것을 통해 혹은 글을 통해 누군가에게 나눌 수 있는 기회가 생기면서 다른 사람들에게 위로를 전할 수 있는 치유자로 서게 된다. 어떤 부모는 상담을 공부하면서 전문적인 도움을 주고자 상담대학원에 입학하기도 했고, 어떤 분들은 신앙공동체에서 아픔을 겪는 사람들을 돌보는 일에 사명을 다하는 분도 있다.

세계적으로 유명한 영성가인 헨리 나웬(Henri Nouwen)은 이를 '상처받은 치유자(wounded healer)'라 표현했다. 자신이 겪은 상실의 슬픔과 고통이 치유되는 과정을 경험하면서 자신과 같은 처지에 있는 사람들을 돕고자 하는 사람을 말한다. 고통 가운데 얻은 상처는 다른 사람을 치유할 수 있는 가장 큰 원천이 된다. 절망 가운데 울부짖었던 그들의 처절한 몸부림과 의미를 찾고자 했던 노력들은 헛된 것이 아니다. 다른 사람과 세상을 치유하기 위한 자원이 되는 것이다. 이러한 과정은 감추고, 억누르고, 회피하는 방식으로는 결코 일어날 수 없는 일이다. 드러내고, 표현하고, 마주할 때 경험할 수 있는 것이다.

잊기보다는 기억하기

1996년 미국의 애도 상담 학계에는 놀랄만한 큰 변화가 있었다. 데니스 클라스(Dennis Klass)와 필리스 실버만(Phyllis Silverman)이 애도 상담에 관한 지속적 결속이론(continuing bonds theory)을 소개한 것이다. 이들은 지난 100년 동안 초기 정신분석 상담이론들이 죽은 사람과의 지속적인 결속을 무시해왔던 상담적 상황을 비판했다. 즉, 단순히 감정적인 결속을 끊고 회피하는 것이 슬픔 치유에 도움이 되는 것이 아니라, 사랑하는 사람의 죽음과 그 의미를 이해하고 현재의 삶 속에서 지속적인 연결점을 갖는 것이 치유에 더 도움이 된다고 주장한 것이다.

그 이후 현재까지 지속적 결속이론은 학자들의 많은 지지를 받고 있는 가운데 애도를 위한 다양한 방법들이 제시되고 있다. 예를 들어, 과거에는 사별 슬픔에서 벗어나기 위해 고인을 상기시킬 만한 장소를 회피하라고 말했다. 배우자 사별의 경우, 주말이면 함께 다니던 마트에 가거나 즐겨 찾던 음식점에 가게 되면 배우자의 모습이 떠올라 감정적으로 힘들 수 있기 때문에 그러한 장소들을 피하라고 가르쳤다. 하지만, 최근 애도 상담에서는 상실을 상기시키는 환경에 노출하는 것이 애도의 과정에 더 도움이 된다고 말하고 있다. 고인을 떠올리게 하는 물건이나 상황과 마주하고, 무덤이나 추모시설을 방문하고, 고인의 사진을 간직하고 자주 보는 것을 통해 고인과의 내적인 결속을 유지하는 것이다.

지난해, 20대 성인 아들을 잃은 부부를 상담한 적이 있다. 상담이 시작된 것은 아들이 죽은 지 3개월 정도 지났을 무렵이다. 이들 부부는 8회기 상담 동안 자신들이 인식하지 못했던 숨겨진 감정들과 마주하면서 애도 작업을 했고, 아들과의 좋은 추억들을 떠올리며 슬픔과 그리움, 죄책감뿐 아니라 아들이 보여주었던 유머, 배려, 사랑에 대한 감사의 마음을 표현했다. 내담자 어머니는 자신만의 좋은 애도의 방법을 가지고 있었다. 그녀는 아들을 만나기 위해 그를 안치한 봉안당을 매일 찾아가, 아침 9시부터 오후 5시까지 아들 곁에서 책도 읽고 차도 마시면서 시간을 보내고 온다 했다. 그녀가 선택한 애도의 방법은 다른 사람이 봤을 때는 지나치다고 말할지도 모른다. 하지만, 그 누가 그녀의 방법을 판단할 수 있겠는가! 아무도 그럴 수 없다. 나는 그녀의 방법을 적극적으로 지지했다. 매일 아들을 만나고 오면서 그녀는 아들과의 지속적인 결속을 느끼면서, 마음 한 자리에 아들을 재배치하는 과정을 보내고 있었던 것이다.

이렇게 지속적인 결속을 유지하면서 애도 작업을 하는 가운데 중요한 것은 자신의 감정을 표현하는 일이다. 감정을 표현하는 것은 자신을 지배하고 있는 감정에서 벗어나게 하며 편안함을 느끼게 한다. 감정표현을 제대로 하지 못한다면 감정적으로뿐 아니라, 신체적, 행동적, 영적, 관계적인 영역에까지도 어려움을 겪을 수 있다. 일반적으로 사별 직후부터 애도의 전 과정에 이르기까지 사별자는 다양한 감정들을 경험하게 된다. 이때 신뢰할 만한 사람을 찾아 자신의 감정을 표현하는 것이 중요하다. 가족이나 친구들이 그 대상이 될 수 있다. 영적 지도자나 전문상담가도 큰 도움을 제공해줄 수 있다.

때로 사별자들은 자신이 느끼는 감정이 부적절하다고 여기기도 한다. 그렇게 된다면 상실에 대한 고통이 가중된다. 사별 이후 사람들은 이런 말을 하곤 한다. "내가 이런 감정을 느끼다니!" "내가 이렇게 편안해도 되는 거야?" 등의 말을 하면서 음식을 먹고 있는 자신의 모습에 대해 놀라기도 하며, 편안히 잠을 이루고 있는 자신이 이상한 것이 아닌가 생각하기도 한다. 하지만, 우리가 기억할 것은 '모든 감정은 자연스러운 것이고 받아들일 만한 것이라는 사실'이다. 자신이 느끼고 있는 감정이 중요한 것이지, 다른 사람이 적절하지 못하다고 하는 말들이 중요한 것이 아니다. 배우자를 상실하는 것은 누구도 이해할 수 없는 자신과 배우자 사이의 일이다. 거기에는 바른 방식이나 적당한 시간이라고 하는 것은 없다. 모든 사람들은 각기 다른 방식으로 슬퍼한다. 사별은 누구와 비교할 수 없는 자신만의 독특한 경험이다. 애도의 과정 중 "너무 빨리" 혹은 "너무 천천히" 회복이 된다고 말하는 사람을 만나게 될지도 모른다. 다시금 삶으로 돌아오는 시간은 자신에게 달려 있는 것이다.

또한, 눈물을 보이는 것이 자신의 약함이나 미성숙함, 자기 통제력의 상실로 생각하는 경우도 있다. 혼자 있을 때, 그리고 다른 사람 앞에서 고인에 대해 이야기를 나누다 감정

죽음의 품격

을 주체하지 못해서 눈물을 흘리는 것은 애도의 과정에 큰 도움이 된다. 사실, 누군가 앞에서 울게 되면 사람들은 당황한다. 그러기에 가방이나 주변에서 티슈를 찾아 얼른 건네주려고 한다. 혹은 어깨를 쓰다듬어 주거나 등을 두드려 주면서 위로하려고 한다. 선한 의도에서 위로 해주려는 말과 행동들이라 할지라도 감정의 흐름을 멈추게 만들 수 있음을 기억해야 한다.

상실의 슬픔은 신체에도 영향을 미친다. 우울감에서 벗어나기 위해서는 정기적으로 운동을 하고 건강한 음식을 먹고 충분한 수면과 휴식을 취해야 한다. 좋은 애도를 위해서는 건강이 필수다. 가벼운 운동이나 걷기부터 시작해도 좋다. 충분한 수면을 취하고, 음악을 듣고, 책을 읽고, 샤워나 목욕을 하고, 좋아하는 음식을 먹을 수 있도록 자신에게 시간을 허락해줘라. 이러한 활동은 편안함을 제공해주는 동시에 몸과 마음에 에너지를 충전할 수 있도록 돕는다.

얼마 전 사별 애도 집단상담 중에 한 참가자에게 들은 이야기다. 그의 아들은 5년 전 사고로 죽었다. 그 이후로 그는 매일 점심시간에 30분 정도 회사 근처 작은 산을 오른다고 한다. 거의 하루도 빠지지 않고 이렇게 오르고 내리면서 시원한 바람결을 느끼고 나무 사이의 신선한 공기를 느끼면서 먼저 간 아들을 생각했다고 한다. 5년간 그 작은 동산은 마치 아들의 숨결을 느끼듯 친근함과 힘을 제공해주는 역할을 해주었다.

앞서 지속적 결속이론에서 말한 것처럼, 고인과의 추억을 억지로 잊으려 하지 말고, 마음 한 곁에 간직하고 언제든지 꺼내서 추억할 만한 마음의 공간을 두는 것이 좋다. 이러한 마음의 공간뿐 아니라 실제적인 장소를 만드는 것도 도움이 된다. 산이나 바닷가, 숲길을 걷거나, 공원을 산책하는 것, 그림을 그리거나 글을 쓰는 것, 박물관을 방문하거나 카페에서 책을 읽는 것도 좋다. 이렇듯 애도를 위한 자신만의 방법과 장소를 찾는 것은 위로와 희망을 제공해주는 좋은 역할을 한다.

7장 또 다른 이별 :
반려동물의 죽음

_____

31. 동물들을 위한 축복 기도

동물들을 위한 축복 기도

2015년 8월, 10년간의 미국 유학 생활을 마치고 한국으로 돌아올 때, 여러 가지 사정상 가족들을 두고 홀로 왔어야 했다. 그러기에, 매일 간단한 메시지와 화상통화로 가족들과 소통할 수밖에 없었다. 그러던 중 딸들에게서 강아지를 키우고 싶다는 말을 들었다.

나는 강아지 키우는 것을 반대했다. 그 이유는 사람과 마찬가지로 내 집에 들어온 동물도 책임지고 키워야 한다는 생각에 부담이 되었고, 강아지를 키우는 것도 어린아이를 키우는 것처럼 많은 돌봄이 뒤따르기에, 결국 귀찮은 일들은 엄마의 몫으로 돌아가게 될까 염려했기 때문이었다. 하지만,

내가 곁에 없으니 말리는 것도 한계가 있었다. 아이들은 엄마와 함께 지역 유기견센터에 가서 갓 태어난 쿠키(Cookie)라는 강아지를 데리고 왔다.

방학 때 미국 집에 가 보니 정말 가관이었다. 식탁과 나무로 된 물건들은 쿠키가 갉아놓은 이빨 자국들로 상처나 있었고, 이곳저곳에 물어뜯겨 널려진 물건들, 시도 때도 없이 달려드는 반갑지 않은 행동들, 종종 실수하는 소변과 대변, 침대 위로 올라와 비벼대는 행동들 등 나의 눈에는 그다지 맘에 드는 구석이 보이지 않았다. 그런데도 쿠키는 아이들의 반가운 친구였고, 아끼며 사랑하고 돌봐야 하는 대상이었다. 처음에는 아이들 침대에 올라와 함께 자는 것도 그렇고, 입을 맞추고 뽀뽀하는 것도 어색하고 비위생적으로 보였다.

그러던 가운데 2017년 2월, 가족들이 모두 한국으로 들어올 순간을 맞이했다. 우선 가족들과 합의해 쿠키도 함께 데려오기로 했다. 사실 이것도 쉬운 결정은 아니었다. 한국으로 귀국하기 위해 이삿짐뿐 아니라 정리할 일도 많았다. 그런데, 쿠키를 한국으로 데려오기 위해서는 그만큼 더 복잡한 서류와 일거리뿐 아니라 비용이 들었다. 광견병 항체검

사는 결과도 중요하지만, 한 달 정도를 기다려야 해서, 비행기 탑승일 전까지 나오게 하려면 비용을 추가해 급행으로 해야 했고, 탑승 10일 이내에 공항 근처 USDA(미국 농무부)에 가서 동물건강증명서를 발급받아야 했다. 게다가, 비행기에 동반탑승이 불가능했기에 케이지를 준비하고 수화물 칸에서 비행해야 했다.

미국은 대체로 행정처리가 느리다. 모든 일을 비행기 탑승 전까지 해내기 위해서는 빠르게 움직여야 했고 비용도 만만치 않게 들었다. 아이들은 화물칸에서 10시간을 비행해야 할 쿠키를 생각하며 염려했지만, 나는 이렇게까지 하면서 쿠키를 데려가는 것이 잘하는 일인지 확신이 서지 않았다. 오히려 딸들이 한국생활에 잘 적응할지가 더 걱정이었다. 게다가 반려동물에 대한 한국사회의 인식도 걱정이었다. 하지만, 한국에 와보니 나의 걱정은 기우였다. 아이들은 한국생활에 재미를 느끼며 잘 적응했고, 반려동물에 대한 한국사회의 인식은 미국만큼이나 좋은 분위기였다.

사실, 문제는 나였다. 어린 시절 강아지(개)를 두려워했던 경험, 그리고 고등학교 시절 여동생이 키우던 강아지(무동이)의 죽음 등으로 그다지 강아지와 친근하게 지냈던 경험

이 없기에 그렇다. 여동생이 키우던 강아지는 묶여있던 줄을 풀고 동네를 활보하다 지나가던 차에 치여 죽었다. 뒤늦게 달려가 이 광경을 보았던 나는 충격이었다. 동생도 옆에서 엉엉 울고 있었다. 나는 근처 슈퍼에서 상자를 하나 구해와 '무동이'를 받쳐 안고 집으로 왔다. 뭔가 의례를 해야겠다는 생각에서였다. 그날 밤, 나는 동생과 함께 근처 공원에 무동이를 안고 갔다. 인적이 드문 곳에 묻고 십자가를 세우고 기도했다. 무슨 기도를 했는지는 기억이 나지 않는다. 그저 동생의 마음을 위로하고 싶을 뿐이었다.

자신이 키우던 강아지를 잃는다는 것은 사랑하는 사람의 죽음으로 인해 겪는 슬픔의 과정과 유사하다. 반려동물을 그저 애완용으로만 생각하는 사람은 반려동물 상실 후 겪게 되는 비탄과 애도의 과정이 낯설게 느껴질 수도 있다. 하지만, 이는 상실에 대한 자연스러운 반응이며, 감정뿐 아니라 인지적, 신체적, 행동적 반응도 겪을 수 있다. 이렇게 반려자들에게 있어 반려동물의 죽음은 단순한 죽음이 아니다. 몇 년을 함께 했든지 간에 그들에게 있어 반려동물은 가족 혹은 그 이상의 의미를 지니고 있기에 상실에 대한 슬픔도 크다. 모효정의 "반려동물 상실로 인한 슬픔, 펫로스(pet loss) 증후군의 증상과 대처(「인간환경미래」, 15)"라는 논문에 보면 상실 슬픔의 이유는 다음과 같다.

첫째, 반려인과 반려동물은 조건 없는 사랑을 주고받는다. 복잡한 인간관계와는 다르게 반려동물은 인간을 판단하지 않고 반려인을 무조건적으로 따른다. 외출 후 집에 돌아올 때 가장 먼저 반기는 것은 반려동물이다. 슬플 때는 곁에 와서 앉아 마치 슬픔을 이해하듯 위로해준다. 그렇게 반려동물은 마음을 나누는 친구가 된다. 무엇을 말해도 대답은 없지만, 아무 말 없이 반려인의 외롭고 힘든 이야기를 들어주는 상담사가 되어준다. 또한, 가족이나 가까운 사람이 줄 수 없는 사랑을 나눈다. 반려동물의 죽음은 이러한 삶의 동반자를 상실하는 경험이다.

둘째, 반려동물은 보호의 대상이자 보호자의 역할을 한다. 반려동물을 키우는 것은 마치 부모가 되는 경험과도 같다. 반려인은 반려동물에 대한 책임감을 느끼고 반려동물의 신체적 건강과 안전, 정신적 안정을 위해 최선의 노력을 다한다. 그러기에 반려동물을 잃는 것은 자녀를 잃는 것 같은 감정을 불러온다. 또한, 반려동물은 반려인을 외부의 침

입이나 공격으로부터 지켜주려는 본능을 가지고 있다. 반려동물의 죽음은 누군가 '나를 위하고 지켜주는 존재'를 잃는 경험이다.

셋째, 반려동물은 삶의 증인이다. 반려동물은 반려인의 생활에 함께하는 삶의 일부이다. 인생의 주기에 겪게 되는 온갖 경험들에 함께한다. 가족의 즐거운 일, 슬픈 일, 괴로운 일 등 삶의 동반자이다. 이 모든 일을 관찰하고 수용하고 힘든 시기에 위로를 주고, 안전, 안정, 편안함을 제공하며 함께한 증인이다. 그러기에 반려동물을 잃는 것은 함께 나누고 공유했던 다양한 관계와 일상의 역할을 상실하는 것이다.

소중하게 여기는 물건이나 관계만 상실해도 슬프고 고통스러운데, 이렇게 우리의 삶에 중요한 부분을 차지했던 반려동물을 상실한다면, 그 고통은 이루 말할 수 없을 것이다. 상실과 애도의 관점에서 본다면, 사랑하는 사람의 죽음과 마찬가지로 반려동물을 상실했을 때에도 비탄과 애도의 과정이 필요하다. 다양한 감정을 표현하고 마음을 나누어야 한다. 하지만, 사회적으로 반려동물의 죽음에 대한 인식과 지지체계가 부족하다. 그러기에 반려동물 상실은 저평가되며 주변에서 제대로 된 지지를 받지 못한다.

예를 들어, 반려견을 잃고 슬퍼하는 아이에게 한 엄마가 이렇게 말했다고 한다. "울지마. 엄마가 또 강아지 사줄게." 이 엄마는 아이를 위해 반려견을 입양하긴 했지만, 가족이라는 생각보다는 돈 주고 사 온 애완용 물건이라 여겼던 것 같다. 또한, 더 중요한 것은, 아이의 슬픈 마음을 전혀 이해하지 못했다는 사실이다. 반려동물을 잃은 아이에게 이렇게 접근해보면 어떨까?

"마음은 좀 어떠니?"

"어떤 기분이 드니?"

"ㅇㅇ을(를) 생각할 때 어떤 마음이 드니?"

"ㅇㅇ가 살아있을 때 모습은 어땠어?"

"ㅇㅇ와 가장 즐거웠던 순간은 언제였어?"

"ㅇㅇ가 가장 좋아했던/싫어했던 것은 뭐였어?"

"ㅇㅇ에게 지금 가장 해주고 싶은 말은 뭐니?"

이렇게 열린 질문들로 아이가 자신의 감정을 표현하고, 어떤 순간들을 떠올리게 하면서 그때그때 느꼈던 마음을 나눌 수 있다면 좋은 애도에 도움이 될 것이다. 특별히 미안함, 죄책감 등 표현되지 못한 감정들을 드러낼 수 있다면 마음의 안정감을 줄 수 있다. 이러한 도움을 위해서는 무엇보다 반려동물의 죽음으로 인해 애도하는 사람을 지지할 수 있는 사회적인 분위기 조성과 모든 살아있는 생명에 대한 소중함을 인식하는 것도 필요하다고 본다.

미국에서 교회를 다닐 때 일이다. 삼십 대 후반의 김모 집사님 댁에서 속회 모임을 할 때였다. 그 집에는 반려견 초코(가명)가 있었는데, 사람들이 많이 모여 있어 반가워서 그랬는지 사람들 사이를 이리저리 휘젓고 돌아다녔다. 어떤 아이들은 초코를 만지고 싶어 했고, 또 다른 아이들은 초코를 피해 소파 위로 피신하기도 했다. 그런 와중에 예배에 방해가 된다고 생각했던 박모 집사님이 초코를 조금 격하게 다뤘다. 그때 김모 집사님이 말했다. "때리지 마세요. 제 가족이에요!" 순간 박모 집사님의 당황했던 표정이 아직도 눈에 생생하다. 그는 "때리려는 게 아니다"고 상기된 표정으로 말했고, 한쪽에서는 "개가 개지 뭘 그렇게 사람처럼 대할 필요까지 있느냐?"는 말도 들렸다.

솔직한 마음으로, 당시 나는 사람의 관계까지 불편하게 만들면서 반려견을 보호하려고 했던 김모 집사님의 모습이 조금은 과하다는 생각이 들었었다. 그로부터 6개월도 채 되지 않아 초코가 죽었다. 초코는 나이가 많아 그간 몸이 좋지 않았었다. 김모 집사님은 거의 한 달간 교회에 나오지 않았다. 자신이 표현했던 것처럼 "가족"의 죽음으로 인한 슬픔과 고통이 그를 집 안에 가두게 했다. 홀로 조용히 애도할 시간이 필요했던 것이다. 한 달여 후, 김모 집사님은 머리카락을 길게 늘어뜨리고 수염도 깎지 않은 덥수룩한 모습으로 나타났다. 그의 마음 상태를 느낄 수 있었다.

한국에 와서 지내는 동안 쿠키와 친밀한 사이가 되었다. 쿠키는 나에게도 가족이 되었다. 누군가 쿠키를 격하게 다루거나 밀친다면 나도 기분이 좋지 않을 것이다. 왜냐하면, 김모 집사님이 했던 말처럼, 그는 이제 내 "가족"이기 때문이다. 이제는 내게 와서 장난도 걸고, 놀아달라고 재롱도 떨고, 삐치기도 하고, 내가 식탁에 앉아 있으면 일부러 슬쩍 다리를 건드리고 지나가고, 먹을 것을 달라고 내 앞에 와 앉아 불쌍한 눈으로 바라보는 모습이 귀엽고 사랑스럽다. 침대에 누워 마치 사람처럼 잠들어 있는 모습을 보면 '사람 아닌가?' 깜짝 놀라기도 한다. 엘리베이터 소리만 들려도 벌써

현관 앞에 달려와 반갑게 맞이한다. 천둥소리에 두려워 왈왈거리며 짖어대는 모습도 안쓰럽고, 별로 중요하지 않은 물건을 집어 들고 저만치 도망하며 관심을 끄는 행동도 귀엽다.

쿠키가 곁에 없게 된다면 어떤 마음이 들까? 앞으로 10년쯤 후에는 곁에 없게 될 수도 있겠다 생각하면, 나와 가족들이 겪게 될 슬픔으로 인해 벌써 걱정이 된다.

한국사회의 많은 변화 가운데 하나는 반려동물과 함께 사는 세대가 급격히 증가한 것이다. 반려동물과 함께 지내는 반려인의 인구가 천만이라고 한다. 반려동물을 위한 호텔도 있고, 반려동물 카페, 수영장, 심지어 장례식장도 운영된다고 한다. 이렇게 반려동물과 관련된 산업이 발전되어가고 있는 가운데, 반려동물 상실 이후에 겪는 슬픔 치유에 관한 관심이 부족하고 프로그램도 거의 없는 실정이다. 이에 대한 인식뿐 아니라 연구가 필요하다고 본다.

더불어, 중요한 한 가지 과제가 남아 있다. 반려인들 가운데 어떤 이들은 자신이 키우던 강아지가 죽으면 천국에서 기다리고 있을 것이라 믿기도 한다. 동물신학(Animal Theology)에 대한 연구가 필요하다. 이는 단순히 조직신학 차원이 아닌 실천신학 혹은 목회상담적 관점과 융합된 연구가 되어야 할 것이다. 나는 종종 신학자나 목회자를 만나면 묻는다. "강아지가 천국에 갈 수 있을까요?"

얼마 전에도 가깝게 지내는 한 신학자 선배에게 물었다.

"선배님, 강아지가 죽으면 천국에 갈까요?"

"못 가지."

몇 초의 망설임도 없이 선배 신학자가 답한다. 나는 그에게 뭔가 신학적이고 구체적인 답이 나올 것이라 기대하며 이유를 물었다.

"당연하지. 강아지는 영혼이 없잖아."

"영혼이 없는지 선배님은 어떻게 확신하시나요?"

"동물은 영혼이 없는 거야."

"정말 영혼이 없나요? 어떻게 확인할 수 있을까요?"

나는 일부러 원초적으로 질문을 했다. 선배 신학자는 내게 아무 답을 하지 않았다. 나도 금방 답을 해줄 것이라 기대하지 않았다. 왜냐하면, 이는 단순한 문제가 아니라, 신학적으로 함께 연구해야 할 주제이기 때문이다. 또한, 이는 목회적으로도 중요한 이슈가 될 것이다.

나는 앞으로 반려동물을 키우는 교인들이 성직자들에게 이와 똑같은 물음을 하게 될 것이라 확신한다. 또한, 교인들은 반려동물을 위해 기도해달라고 요청할 것이고, 반려동물을 위해 축복해달라고 할 것이다. 건강과 행복한 삶을 위한 기도뿐 아니라 임종을 위한 기도를 부탁할 수도 있다. 더 나아가, 장례 집례를 요청할 수도 있다. 그때 어떻게 할 것인가?

가톨릭 전통 중에는 '동물 축복'예배가 있다. 프란시스 축일(Feat Day of St. Francis)에 모든 동물이 하나님의 가족의 일원으로서 예배당에 초대되고 특별한 축복을 받는 날이다. 프란치스코회 사제인 잭 윈츠(Friar Jack Wintz)는 『I Will See You in Heaven』(p21-22)이라는 책에서 하나님의 창조와 에덴동산에서의 삶을 상기하면서 앞으로 도래할 낙원의 모습에 대해 다음과 같이 주장한다.

타락 이전 에덴동산에서 살던 인간의 모습을 보면, 아담과 이브, 그리고 모든 피조물들은 사랑이신 하나님의 현존 안에 서로가 행복하게 평화와 조화를 이루며 살아가고 있었다. 이는 앞으로 도래할 놀랍고 신비한 낙원의 모습이다.

그 최초의 낙원에서 행복을 영위하도록 동물들과 (인간 아닌) 다른 모든 피조물들을 창조하신 그 사랑의 하나님은 최후의 낙원에 그들을 배제하기 원치 않으실 것이라는 생각은 당연해 보인다. 만일 그들이 타고난 자신의 모습대로 그 최초의 동산에서 하나님의 현존을 즐기고 행복했었다면, 하나님은 회복될 동산에서도 그들이 같은 행복을 즐기기 원하실 것이다.

최초 피조물의 한 부분으로서 동물들도 보시기에 매우 좋았다고 했던 것과 마찬가지로, 우리의 미래 천국에서의 삶도 보기에 좋을 것이고 거기에는 동물들도 포함될 것이다. 어떤 누구도 당신이나 내게 '수년 전에 죽은 우리의 반려동물을 다시는 볼 수 없을 것'이라 추정해서 말해서는 안 된다.

창조 이야기를 통해 알 수 있는 것은 에덴 낙원의 동물들, 새들, 물고기들, 나무들과 식물들이 아담과 이브, 그리고 하나님과 조화롭고 행복한 관계를 이루며 살았다는 것이다. 이런 관점에서 윈츠 사제는 "왜 하나님이 아직 도래하지 않은 (앞으로 도래할) 그 낙원에서 그들을 제외하겠는가?" 하고 반문하는 것이다. 하지만 개신교에서는 인간 아닌 다른 피조물들은 천국에 갈 수 없다고 믿는다. 이에 대한 근거는 이렇다.(같은 책, p26.)

첫째, 죽음 이후의 천국에서의 삶은 세례를 통해 하나님으로부터 구원의 새 생명을 받은 인간만이 가능하다. 둘째,

오직 인간만이 지성과 자유의지를 가지고 있으며 천국에서의 풍성한 삶을 누릴 수 있는 능력이 있다. 셋째, 동물들과 인간 아닌 다른 피조물들은 인간과 같은 영혼이 없다. 이렇게 볼 때, 동물들은 천국 입성에서 배제될 수밖에 없다. 이러한 주장에 대해 윈츠 사제는 다음과 같은 반론을 제기한다.

인간 아닌 피조물들이 인간과 같은 영혼이 없다는 것은 사실이다. 하지만 그들은 분명히 자신들이 해야 할 것들을 수행하기 위한 어떤 종류의 삶의 원리들을 가지고 있다. 예를 들어, 애정과 충성을 보여주는 동물은 삶을 즐기고 자신을 돌보는 이에게 큰 기쁨을 주기 위한 어떤 종류의 '영혼(Spirit)' 혹은 내면의 빛을 확실히 지니고 있다. 아름다운 멜로디를 노래하는 새는 예술의 세계에 이바지하고, 창조주의 아름다움을 반영하는 것을 통해 천국의 일면을 선사해준다. 세상에는 우리가 알지 못하는 하나님과 함께 하는 삶에 관한 것이 수없이 많다. 그중에 하나는 인간 아닌 다른 피조물들이 어떻게 그 삶에 참여하고 있느냐이다.(같은 책, p27)

50년 동안 프란시스코회 수도사로 있던 잭 윈츠는 아시시의 성 프란시스(St. Francis of Assisi)에 많은 영향을 받았다.

특별히 성 프란시스가 동물들과 이야기 나누며 그들을 축복했던 이야기들이 그의 신학에 많은 영향을 끼친 듯하다. 그의 책 서문에는 (각종 동물, 물고기, 새, 또는 다른 창조물을 위한) "세 가지 축복의 기도"를 포함하고 있다. 그 가운데 하나를 소개해본다.

죽은 동물과 죽어가는 동물들을 위한 기도

사랑의 하나님,

우리의 사랑하는 반려동물, ○○○이(가)

이 세상의 마지막 여정에 다다랐습니다.

우리는 ○○○이(가) 우리에게 주었던 기쁨과 애정으로 인해

그/그녀를 몹시 그리워할 것입니다.

○○○을(를) 축복하시고, 그/그녀에게 평안을 주옵소서.

○○○을(를) 향한 당신의 돌봄이 그치지 않게 하옵소서.

당신의 선물로 우리와 함께할 수 있었던,

○○○로 인해 감사드립니다.

당신의 크신 자비하심 가운데 우리에게 소망을 주옵소서.

인간의 이해를 뛰어넘는 당신의 지혜에 따라서,

하나님의 나라에서, ○○○을(를) 회복시켜 주옵소서.

아멘.

우리는 반려동물 천만 시대를 살아가고 있다. 우리 중 여럿은 이미 사랑했던 반려동물의 죽음 앞에 슬퍼하고 괴로워했던 기억이 있을 것이다. 특별히 기독교인으로서 "나의 반려동물을 천국에서 다시 볼 수 있을까"라는 의문이 들 것이다. 하지만, 여기에 대한 분명한 대답은 잭 윈츠의 말처럼 "누구도 추정하여" 말할 수 없을 것이다. 이는 단순한 궁금증 이상의 더 많은 신학적인 의미를 내포하고 있기 때문이며, 누구도 살아서 천국에 다녀온 사람이 없기에 그렇다. 사실, 반려인들은 이러한 신학적인 관심보다는 자신이 사랑했던 반려동물을 잃고 난 후 겪게 되는 슬픔과 괴로움을 위로받고 싶은 마음이 더 크다. 그러기에 신학적 연구와 담론이 물론 중요하지만, 그것을 넘어, 이들을 어떻게 위로할 것인가에 초점을 맞춘다면 우리가 해야 할 일들을 더욱 명확히 이해할 것이라 믿는다.

에필로그

인생에는 아무리 오랜 시간이 흘러도 잊을 수 없는 장면들
이 있다. 벌써 30년 전 일이다. 루게릭병으로 3년여 고생하
시던 아버지가 돌아가셨을 때다. 아버지가 돌아가시자마자
경황이 없는 터였는데, 어떻게 알았는지 가장 친한 친구가
빈소도 차려지기 전에 우리 집으로 달려왔다. 방에 들어오
자마자 친구는 나를 와락 안아주었다. 이때가 내게 가장 큰
위로의 순간이었다. 말이 필요 없었다. 친구와의 진한 포옹,
그리고 그날 함께 흘리던 눈물은 지금도 기억이 생생하다.

진정한 친구는 항상 사랑하니 그는 고난의 때를 위해 태어

난 형제이다.(잠언 17:17)

나는 문상을 가면 되도록 말을 많이 하지 않는다. 정말 '뭐라 위로할 말을 찾지 못하기 때문'이기도 하고, 어떤 위로의 말도 당시에는 크게 위로가 되지 않는다는 것을 알기 때문이다. 그래서 내게 위로의 말을 찾기 위해 조언을 구하는 사람들에게는 먼저 '아무 말도 하지 말라'고 이야기해준다. 그래도 뭔가 이야기하고 싶다면 솔직히 말하라고 한다. (위로의 말을 찾으려 아무리 애를 써봐도) "뭐라 위로할 말이 없습니다"라고 말이다. 진심이 담긴 이 말은 장례식장에 와서 함께 있는 그 자체와 함께 깊은 위로를 전해줄 거라 믿는다.

요즘 느끼는 것 중 하나는 사람들이 자기 말을 많이 하고 싶어 한다는 것이다. 그만큼 각자가 처해 있는 삶 속에서 고민과 갈등을 겪고 있으며, 자신의 마음을 누군가에게 토로하지 않으면 견딜 수 없는 삶의 무게를 안고 살아가고 있다는 사실이다. 그렇게 마음의 짐을 내려놓고 풀어낼 수 있으면 좋겠지만, 문제는 자신의 마음을 털어놓을 신뢰할 만한 사람이 많지 않다는 것이다. 대개 사람들은 주의 깊게 경청하기보다는 건성으로 듣거나, 문제 해결을 위한 손쉬운 답을 제시하려는 경향이 있다. 만일 부부 사이에 서로를 위한 매일 10분간의 경청 시간을 갖는다면 문제가 풀리고 가정이 변화될 것이다. 듣는 것이 중요하다. 듣는 사람이 있어야 이야기를 할 수 있다.

미국 병원에서 인턴십을 할 때, 6명의 인턴 중 흑인 여성이 있었다. 그녀는 가끔씩 이런 말을 하며 기뻐했다. "I'm heard." 자신의 이야기가 들려졌다는 말인데, 말뿐 아니라 자기 자신이 받아들여졌다는 의미였다. 흑인 여성으로 자신의 소리가 제대로 전달되지 못했던 경험이 많았던 그녀에게는 인정과 수용이 중요했던 것이다. 이는 자신의 이야기를 들어주는 사람을 통한 받아들여짐의 거룩한 경험이라 말할 수 있다. 수용의 경험은 일상의 삶 속 누구에게나 필요하지만, 특별히 사별을 경험한 사람들에게는 더욱 그러하다. "I am heard." 나의 이야기와 나 자신이 수용되는 경험을 통해 슬픈 마음과 다양한 감정들을 하나씩 덜어내고 좋은 애도의 과정으로 이어질 수 있으리라 믿는다.

15년 전 읽은 『모리와 함께 한 화요일』이라는 책이 있다. 당시 내 마음을 깊이 사로잡았던 책이다. 돌아가신 내 아버지와 같은 루게릭병을 앓고 있던 모리 슈워츠 교수의 경험이 기록되어 있기에 더욱 그랬던 것 같다. 어떤 부분에서는 한참을 눈물 흘리며 읽기를 멈추었던 기억도 있다. 이 책은 모리 교수의 제자인 미치 앨봄과 나눈 이야기를 기록한 삶과 죽음에 관한 이야기다. 모리 교수의 인터뷰가 TV에 방영되고 난 후, 16년 만에 그를 찾아온 제자 미치에게 모리 교수는 다음과 같은 질문을 건넨다.

"마음을 나눌 사람을 찾았나?"
"지역사회를 위해 뭔가 하고 있나?"
"마음은 평화로운가?"
"최대한 인간답게 살려고 애쓰고 있나?"

루게릭병으로 시한부 인생을 살고 있던 모리 교수가 건네는 이 질문은 우리의 삶이 어떠해야 하는지에 관한 통찰을 전해준다. 이 질문은 삶에 있어 세 가지의 중요한 관계성을 함축한다. 첫째, 나와 타인과의 관계. 둘째, 나와 세상과의 관계. 셋째, 나 자신과 자아와의 관계이다. 더불어, 우리 모두가 함께 추구해야 할 '인간다움'에 대한 권면이다. 죽음을 살아가고 있던 모리 교수의 질문에 주목할 필요가 있다. 나는 죽음 관련 강의를 할 때, 가끔 체크리스트에 관해 이야기한다. 우리가 인생을 마무리하기 전 생각해봐야 할 사항들이다.

죽기 전에 가보고 싶은 곳은?

마지막으로 정중하게 만나서 고맙다고 인사해야 할 사람은?

마지막으로 화해하고 싶은 사람은?

마지막으로 용서하고(용서받고) 싶은 사람은?

지금까지 살아오면서 가장 후회스러운 일은?

살아오면서 가장 감사한 일은?

생에 가장 자랑스러운 일은?

가장 힘들었던 순간은?

자신에게 해주고 싶은 말은?

죽음 준비 교육은 삶의 교육이라고 말했다. 좋은 삶, 그리고 아름다운 마무리를 위해 위의 질문들에 대한 답을 생각해보자. 그리고 펜을 들어 기록해보고, 해야 할 일들이 떠오른다면, 때를 기다리지 말고, 하나하나 실천해보자.

"오늘을 생의 첫날이자, 마지막 날인 것처럼 살자."

철학자 키르케고르의 말처럼….

가장 어두운 죽음을
가장 아름다운 빛으로 빚어내다!

이호선

숭실사이버대 기독교상담복지학과 학과장

'어떤' 죽음을 묻는 시대가 되었다. 죽음 자체에 관해 묻고 답하던 시대를 넘어 죽음은 이제 의미 주제가 되고 더 나아가 새로운 시대의 화두가 되었다. 심지어 종교의 시대에 가장 깊이 숨겨놓았던 영혼의 주제를 과학이 가장 발달한 시대에 삶을 전제로 죽음을 들춰내게 되었다.

종교의 시대에 죽음은 고통을 중심으로 한 단말마(斷末魔)로, 상실과 이별의 비극을 통과하여 극락(極樂)과 천국

(天國)으로 이어져 비로소 신의 손아귀에 닿아 인간에게 안
식을 주었다. 그리고 지금 과학의 시대에 죽음은 통증 없는
연명 치료를 통해 생명 연장의 꿈을 실현하고 있고, 그 과정
에 어느덧 신의 손은 의학 장비에 가려지곤 했다. 세상이 달
라지면 사람이 달라지고, 사람의 삶이 달라지면 그의 죽음
도 달라진다. 과학의 시대에 우리는 '다른' 죽음의 방정식을
만나게 되었다. 그리고 새 시대의 방정식은 새로운 공식이
라야 풀어낸다.

　　윤득형 교수의 『죽음의 품격』은 과학의 시대에 죽음을 풀
어내는 방정식의 증명과 풀이 이야기이다. 인간의 존엄과 죽
음의 위엄 앞에 조율점을 놓고, 개인적이고 사회적이며 관계
적인 죽음 앞에서 어떻게 슬픔을 더하고 빼야 하는지를 손
가락으로 짚어낸다. 상실이라는 나눗셈에 용서와 회복의 분
자를 크게 하여 삶의 값을 키우고, 사회라는 적분의 그림을
만들어낸다. 다만 새로운 이야기의 등장을 두고 그의 문장
은 조금도 거만하지 않아, 남은 가족들의 눈물을 가볍게 휘
발시키지 않으며 슬프지 않은 죽음은 없다는 것을 빠짐없이
강조하고 죽음을 정복하려고 하지도 않는다.
　　저자는 매 순간 고통에 집중한다. 남은 가족의 "슬픔을 써

레질하여", 그가 고통과 슬픔을 어떻게 다루는지를 잘 보여준다. 흙덩이를 부수고 부드럽게 하여 새로운 모내기를 준비하듯, 기억을 공유한 가족들에게 죽음은 침착된 염료나 앙금처럼 가라앉은 두려움이 아니라 그리움으로 빚어내는 새 생명이며 죽음이 삶을 비추는 조명이 되게 하는 세대의 유산으로 작용한다. 슬픔은 대개 '분리'를 통해 해소되고 해석해왔던 것과 달리, 저자는 그 '써레질'을 통해 죽음을 다시 삶에 연합시키고 뭉쳐내어 가족의 회복을 빚어낸다.

그리고 기록하라고 말한다. 기록은 기억을 담고 기억은 다시 기록이 되어, 죽은 이의 기록은 산 자의 기억 베틀을 통과해 의미 있는 삶으로 뽑힌다. 기록 중 가장 아름다운 기록으로 '용서의 기록'을 제안한다. 가장 고백이 많은 때가 죽음을 앞둔 때라면, 용서는 가장 짧은 시간에 가장 많은 것을 끌어안을 수 있는 거대한 마음 해방구임을 직시하고 있는 것이다. 용서는 죽음의 여정에서 삶의 결정체들을 만나게 하고, 물리적 용서기록을 통해 이 세대를 넘어 다음 세대에 가장 인간다운 글씨로 가장 신적인 행동을 하게 한다. 그러니 윤교수의 제안처럼 "잊기보다는 기억하자." 그리고 기록하자.

이 과학의 시대, 영생의 시대에 죽음에 대한 윤득형 교수의 이야기는 우리를 다시금 엄숙한 종교의 시대로 데려간다. 배움으로 준비하는 죽음, 그 합리성이 어떻게 신의 손가락을 보여주는지, 그 고백의 실체들이 마음을 이어 용서와 회복으로 어떻게 시대와 세대를 품어내는가를 보여준다. 과학의 시대 방정식의 답은 종교의 시대의 값과 같은 것이었다. 죽음을 배우며 삶을 익히니 역설이요, 삶을 통해 죽음을 준비하니 아이러니다. 이 역설의 미지수가, 이 아이러니의 함수가 나를 자유롭게 하고 가족을 품으며 사회를 끌어안으니 과학의 시대의 합은 다시 신의 손가락을 구성하는 모자이크가 된다. 윤득형 교수의 죽음과 삶의 방정식을 손으로 짚어가며 풀어보기 바란다.